大川隆法
RYUHO OKAWA

「週刊新潮」に巣くう悪魔の研究

週刊誌に正義はあるのか

本霊言は、2011年3月11日、幸福の科学総合本部にて、
質問者との対話形式で公開収録された。

まえがき

『週刊新潮』とか『週刊文春』とかは、保守系の週刊誌として私も一目置いていたので、若干《じゃっかん》、残念な気持ちがしないではない。

しかし、当会も大悟三十周年、立宗二十五周年、宗教法人格取得二十周年を迎えて、このような歴史と伝統のある週刊誌をも一喝《いっかつ》しなくてはならない立場に立ったということだろう。

『新潮社』に十分敬意を払って、『「週刊新潮」に巣くう悪魔の研究』というアカデミックな題をつけたのは、大川隆法本人である。ケンカを売る相手をよく選ぶように、経営陣にはお願い申し上げる。

二〇一一年　三月二十九日

幸福《こうふく》の科学《かがく》グループ創始者兼総裁《そうししゃけんそうさい》　大川隆法《おおかわりゅうほう》

「週刊新潮」に巣くう悪魔の研究　目次

「週刊新潮」に巣くう悪魔の研究

二〇一一年三月十一日　収録

「週刊新潮」に巣くう悪魔の研究

［二〇一一年三月十一日　収録］

質問者

里村英一《さとむらえいいち》（幸福の科学広報担当局長）

綾織次郎《あやおりじろう》（「ザ・リバティ」編集長）

※役職は収録時点のもの

1　ジャーナリズムに潜《ひそ》む悪魔の意図

法難《ほうなん》の背後に働く週刊誌的なる「悪の勢力」

大川隆法　今日のテーマは、変わっています。「『週刊新潮』に巣くう悪魔の研究」です。

昨日《きのう》、経典『現代の法難《ほうなん》②』（大川隆法著、幸福の科学出版刊）の見本刷りができてきたので、夜、「裏切りのユダの霊言《れいげん》」を読んでいたのですが、やはり、ユダのような行為《こうい》は単独でできるものではなく、それを後押《あとお》しする勢力、あるいは〝空気〟のようなものが必ず存在していて、それによって成就《じょうじゅ》しているものだと思います。

つまり、ああいう「裏切りのユダ」のような存在には、必ず、背景に働いている力があるはずだと思うのです。

特に、現代では、週刊誌が一種の人民裁判的な役割をしているでしょう。

一方、ソクラテスが、最期《さいご》、死刑《しけい》に追いやられた人民裁判的なもののなかにも、今のようなものではないにしろ、当時の週刊誌的な存在はあったでしょうし、イエスを処刑し、強盗《ごうとう》殺人犯のほうを「釈放《しゃくほう》しろ」と叫《さけ》んだ民衆の声のなかにも、やはり、そういう週刊誌的なるものの〝空気〟が働いていたと思われます。

彼らを死に追いやったのは、現代で言えば、そのようなものではないかと思うのです。

私は、「言論の自由は、基本的に認めたい」という考えを持っています。言論が民主主義の担保になっている面はあるので、ある程度、いろいろな批判を許容する気持ちはありますし、「自分もそういう立場に立てば、いろいろな批判を受けて立たなければいけない」という気持ちも持ってはいます。

ただ、週刊誌的なものに関しては、やはり、彼らは、「善悪の基準」というものを持つことなくやっていて、それを示したことはありませんし、「正義とは何か」ということについて、語ったこともありません。「うちは、こういうものを善悪の判定基準にする」ということを明確にすることなく、〝人民裁判〟を行っているわけです。

また、これはマスコミ全般《ぜんぱん》に言えることですが、彼らは、批判はするけれども、「では、どうするのか」という積極的な意見はないし、「自分たちの考えについて、きちんと責任を取る」という考えも、あまりありません。この部分は、やはり、大きな問題ではないかと思います。

マスコミは、特に、現代民主主義の守護神的役割を期待されているわけではありますが、「そのすべてが善なるものではない」という感じがしないわけでもありません。

以前にも紹介《しょうかい》したことはありますが、人智学《じんちがく》のルドルフ・シュタイナーは、「現代の悪魔は活字を通じて入ってくる」というように言っています。そして、それは、「ニーチェを指したものだ」と言われていますが、まさしく、今、いろいろな思想やジャーナリズムのなかにも、悪魔が潜《ひそ》んでいるように思います。

特に、新聞等に広告として掲載《けいさい》されている週刊誌の見出しなどを見ると、ある日には、もう、全部が悪口という場合もあります。

そのなかには正当なものもあろうかとは思います。しかし、それだけ悪口を並べ立てていると、やはり、「波長同通の法則」で、地獄《じごく》のどこかの世界と、完全に同通している場合もあるのではないでしょうか。そういう悪臭《あくしゅう》のようなものが漂《ただよ》っているものもあるように思われます。

限度を超《こ》えた報道には「抑止力《よくしりょく》」が必要

「新潮社」に関しては、写真週刊誌がまだ全盛《ぜんせい》だったころ、「フォーカス」という雑誌に載《の》せられたことがあります（一九九〇年）。朝の出勤時、カメラマン四人が駐車《ちゅうしゃ》場《じょう》に潜んでおり、いきなり出てきた彼らに、写真を撮《と》られたのです。そのように、住《じゅう》居侵入罪《きょしんにゅうざい》にも当たるようなかたちで家のなかに入ってこられ、写真を撮りまくられたことも、当会の発足《ほっそく》のころにありました。

もう二十一年ぐらい前になるでしょうか。最初のころに、そういうことがあって、「これは廃刊《はいかん》してほしいな」と思いましたが、やはり、今は、休刊（事実上の廃刊）になっています。

また、近年では、一昨年あたりから、「週刊新潮」、「週刊文春」とも、幸福の科学の白金精舎《しろかねしょうじゃ》を取り上げたりもしています。

当会は、以前に購入《こうにゅう》した白金のマンションを精舎として使用しており、現在、そこでHS政経塾《せいけいじゅく》（政治家・企業家《きぎょうか》を輩出《はいしゅつ》するための社会人教育機関）を始めているのですが、その建物のなかに、一人だけ、退去しないで粘《ねば》っている住人がいるのです。私たちは、「結局、その人は、立退《たちの》き料をふっかけようとして〝頑張《がんば》っている〟」という判断をしています。警察の判断も同じです。

しかし、「週刊新潮」等は、そういう相手であるにもかかわらず、その垂《た》れ込《こ》みをそのまま受けて、宗教のほうが悪いような報道をしているのです。

おそらく、今回の「大川きょう子問題」も、同じようなケースでしょう。彼らは、そういう陰口《かげぐち》や悪口のようなものは、一方的に信じるところがあるので、そういうものを載せるのでしょうが、反面、当会の活動についての正当な評価はゼロです。これでは、「バランス感覚はなし」と判定せざるをえないと私は思います。

彼らに天《あま》の邪鬼《じゃく》なところがあるのは分かっていますが、その報道に限度を超《こ》えたものがある場合には、やはり、そこに、何か一定の抑止力《よくしりょく》が必要なのではないかと思うのです。

「言論には言論で反論を」というのはマスコミのおごり

近々、広報局のほうで、両週刊誌を訴《うった》えることになっているようではありますが（二〇一一年三月に提訴《ていそ》）、結果が勝訴だったところで、ほとんどの場合、報道されないか、あるいは、目に付かないレベルで小さく記事が載るだけです。また、裁判をやるにしても時間がかかります。結果が出るころには、何年もたっていて、事件自体が風化していることがほとんどなので、事実上、解決にならないことが多いのです。

つまり、唯一《ゆいいつ》の抑止力が、その程度であるわけです。

さらに、裁判官にも、「宗教関係の事件に関して、適正な判断ができるかどうか」という、資質の問題があります。裁判官が、信仰《しんこう》に親和性のある資質を持っていないこともかなり多いので、全面的な信頼《しんらい》を寄せられるかどうか分からないわけです。

マスコミの常套句《じょうとうく》として、「言論に対しては言論で来い」というものがあります。

しかし、新聞やテレビ、週刊誌などの大手マスコミは、たいていの場合、すでに既成《きせい》の権力となっています。彼らは、長い年数を経ており、「第四権力」として確立しているのです。

そういうものに対して、「言論で反論しろ」と言われたとしても、たとえ有名人であったとしても、ツール的に見て対等でないのは明らかです。マスコミと、まったく同じようにはできません。したがって、それについては、やはり、ある程度、彼らにずるい面があると思うのです。

これは、特に、当会が「フライデー闘争《とうそう》」等をやったときのことですが、「すでに確立している先行の雑誌などに対し、こちらが新しいものをつくって反撃《はんげき》するというのは、なかなか大変なことだな」ということをずいぶん感じました。

そのように、「言論には言論を」と言うのは簡単ですが、一般の媒体《ばいたい》は載せてくれませんし、自分でそうした媒体をつくろうとしたら、大変な時間がかかります。そのため、既成権力としてのおごりはあると思うのです。

そういう意味で、「ザ・リバティ」（幸福の科学出版刊）という雑誌を立ち上げるのには、ずいぶん、力が要《い》り、年数もかかったと思っています。

あちらは、週刊誌とはいっても、こちらより長い歴史を持っているので、世間的には、知名度も高いし、信用されることも多いだろうと思います。

しかし、当会にも、雑誌なり本なり、何らかの反論媒体がないわけではありませんので、まだまだ、それだけの市民権を得ていないかもしれませんが、「こちらも、言論によって、多少、追及《ついきゅう》したり、研究したりしてもよいのではないか。向こうと同じことをしてもよいのではないか」と感じています。

以上が前置きです。

海外巡錫《じゅんしゃく》を邪魔《じゃま》しに来た「週刊新潮」の悪魔を追及《ついきゅう》する

このたび（二〇一一年二月下旬《げじゅん》～三月上旬）、「インド・ネパール巡錫《じゅんしゃく》」へ行ってきましたが、行く前から、今回の「大川きょう子問題」の揉《も》め事が起きており、訴訟《そしょう》の対応等をやりながら、現地へ行ったような状態でした。

そのため、インドのホテルに泊《と》まっていても、ある行事の前日の晩に、やはり、〝邪魔《じゃま》するもの〟がやって来たのです。それで、私が、「何者か」と訊《き》いたところ、「『週刊新潮』の悪魔」と名乗りました。これは珍《めずら》しいケースです。

私も、いろいろな悪魔や悪霊《あくれい》に会ったことはありますが、「『週刊新潮』の悪魔」と称《しょう》する悪魔には会ったことがありません。

ただ、もちろん、そういう名前の悪魔がいるわけはありませんので、そういう名を騙《かた》っているのでしょう。おそらく、それは、「週刊新潮」に巣くっている悪魔であろうとは思われます。

それが、亡くなった歴代の編集長なり、社長なりだったとしたら、一般の人にはあまり知られていないので、捕捉《ほそく》するのは難しいかとは思いますが、それだけではないでしょう。もしかしたら、宗教系の悪魔も入っているかもしれません。

特に、「週刊新潮」は、長年、創価学会を攻撃《こうげき》し続けていますので、宗教に対しては、自信を持って戦う体制をつくっているのかもしれないし、最近、創価学会のほうの反論も弱くなってきているため、余力が生じて、当会のほうにも手を回してこようとしているのかもしれません。

そういう意味で、「週刊新潮」は創価学会批判等をやっていたため、彼らに対しては、当会のほうも批判を手控《てびか》えていたところがありました。講談社については批判しましたが、「週刊新潮」とか、「週刊文春」とかについては、手控えていたところがそうとうあったのです。

ただ、世代が変わったのかもしれません。最近の「週刊新潮」や「週刊文春」は、「ちょっと判断が甘《あま》いな」という感じがずいぶんしますし、特に、「三流週刊誌に堕《だ》してきたのではないか」という感触《かんしょく》が非常に強くあります。

この背景には、「インターネットや携帯《けいたい》電話等の普及《ふきゅう》によって、週刊誌の経営基盤《きばん》が、今、そうとう揺《ゆ》らいでいる」ということがあると思うのです。

そのように、経営基盤が揺らいでいるために、一流誌を目指しても、やはり売れないといけないので、どうしても、三流週刊誌的になって、センセーショナルなものや、人の低次な欲望に訴えかけるようなものを記事にしたがる傾向《けいこう》が出てきているのでしょう。

これは、おそらく、経営危機と関係があるだろうと思います。その意味で、なかにいる人の心も安定していないのかもしれません。ある意味では、レイオフというか、クビ切りの危機のなかで、「もっと過激に！　もっと激しく！」というような檄《げき》を上から飛ばされている可能性もあるかもしれないと思うのです。

とにかく、「『週刊新潮』の悪魔」と名乗った者がいるので、ちょっと、このあたりを追及《ついきゅう》してみたいと思います。

これは非常に難しい仕事なので、正体がつかめるかどうかは分かりません。「『週刊新潮』の悪魔」という名で呼んで、出てくるかどうか、私も、少し疑問ではあります。もし、それがはっきりつかめなかった場合には、現在の編集長なり、社長なり、編集担当者なり、そういう人のあたりまで、追及していく必要があるかなと思います。

今、どういう考えで当会に接しようとしているのか、このあたりの背景を、霊的に探《さぐ》ってみたいと思っています。

以前、蟷螂《とうろう》の斧《おの》かとは思いましたが、朝日新聞社の社長（二〇〇三年当時）の守護《しゅご》霊《れい》インタビューまで行《おこな》って追及したところ、あの大きな新聞社でも恐縮《きょうしゅく》したことがあったようですので、「宗教だって一噛《ひとか》みぐらいすることはある」ということを、やはり知っていただいたほうがよいかと思います。

2　インドのホテルに現れた理由

「週刊新潮」の悪魔を招霊《しょうれい》する

大川隆法　さあ、では、どう攻《せ》めますか。

司会　最初、「なぜ出てきたのか」というあたりから始めまして、徐々《じょじょ》に、今回の問題についての、具体論、各論に入っていきたいと思っております。

大川隆法　そうですか。

まあ、協力的に出てくださるかどうか、ちょっと分かりませんが、悪魔の招霊《しょうれい》をやってみたいと思います。

うーん、これは大変だな。誰《だれ》かほかの人に入れたいぐらいだけれども、みな嫌《いや》がるでしょうね。

デリーであったかとは思いますが、インドのホテルにて、私の行事を「邪魔《じゃま》しよう、潰《つぶ》そう」として出てきた悪魔がいるはずです。その悪魔は「『週刊新潮』の悪魔」と名乗りました。したがって、「週刊新潮」に関係があるのは間違《まちが》いがないと思っております。

その「週刊新潮」を代表する悪魔とはいったい何者であるのかを追究してみたいと思います。

（手を胸の前で交差させる）

幸福の科学指導霊団《しどうれいだん》よ。幸福の科学指導霊団よ。

どうぞ、われらを加護したまえ。

（大きく息を吐《は》く。約十五秒間の沈黙《ちんもく》ののち、合掌《がっしょう》）

インドにて、「『週刊新潮』の悪魔」を名乗りて現れたる者よ。

インドにて、「『週刊新潮』の悪魔」を名乗りて現れたる者よ。

どうか、その姿を現し、本来の正体を明らかにして、その述べたいことを述べていただきたい。幸福の科学に対して、いったい何を批判し、何を追及《ついきゅう》し、何を考えているのか。そういうことについて、忌憚《きたん》のない意見を聴《き》かせていただきたい。

われらも、決して聞く耳を持たない者ではないので、そういう分からないかたちでなく、明確に、自分の姿を現し、考えを表し、どういうつもりで、今、われらを批判し、攻撃《こうげき》したいと思っているのか、その本心、本音を明らかにしていただきたい。

「『週刊新潮』の悪魔」を名乗る者よ、「『週刊新潮』の悪魔」を名乗る者よ、幸福の科学総合本部に、出《い》でたまえ。

「『週刊新潮』の悪魔」を名乗る者よ、幸福の科学総合本部に出でたまえ。

「週刊新潮」に巣くいたる悪魔よ。

誰が、「週刊新潮」を主として指導しているのか、その姿を明らかにしたまえ。

（約十秒間の沈黙）

「新しい宗教は悪」なのか

「週刊新潮」の悪魔〔以下、「新潮の悪魔」と表記〕　ゴホッ。

司会　よろしいでしょうか。
　あなたは、インドで、「『週刊新潮』の悪魔」と名乗って出てこられた方ですか。
新潮の悪魔　うう、ああ、インドだか何だか知らんが、まあ、インドも日本もないよ。
司会　ない?
新潮の悪魔　インドも日本もない。
司会　インドまで、なぜ来られたのでしょうか。
新潮の悪魔　だって、わしらがせっかく追い込《こ》んでいる獲物《えもの》が、インドとかネパールとかで宣伝して、逃《に》げようとしてるんだろう?
司会　逃げたのではなくて、これは、乞《こ》われて行《い》ったものでございます。
新潮の悪魔　は?　「乞われて行った」って?
司会　伝道なんです。

新潮の悪魔　おまえらの悪事を隠《かく》してだな、外国で宣伝して、それをごまかしてやろうという魂胆《こんたん》だろうが。ああ？

司会　悪事？

新潮の悪魔　それは、「宗教は悪」だよ。何言ってるんだよ。

司会　宗教は悪？

新潮の悪魔　うん。

司会　では、イスラム教もキリスト教も仏教も、宗教というのは、みな、悪ですか。

新潮の悪魔　ん？　まあ、よそんところまでは、よく知らないけどもさ。日本においては、「宗教は悪」ということになっているんだよ。

司会　日本にも仏教やキリスト教はあります。

新潮の悪魔　うん、古くて、もう人畜無害《じんちくむがい》なやつについては、まあ、そんなには言わんがな。新しい宗教は、みんな悪だよ。

司会　悪？

新潮の悪魔　うん、うん。

3 「週刊新潮」の悪魔の正体とは

新潮社で〝崇拝《すうはい》〟される身分だった？

司会　あなたの使命は何ですか。

新潮の悪魔　ん？　私の使命は〝正義の実現〟だ。

司会　〝正義の実現〟？

新潮の悪魔　うん、うん。

司会　あなたは、今まで、〝正義の実現〟を何によってなされてきましたか。

新潮の悪魔　ペンによってだ。

司会　ペンによってなされた？

新潮の悪魔　うん。

司会　かなり、ペンで文章を書かれましたか。

新潮の悪魔　あ、うーん。

里村　新潮社の社員でいらっしゃいましたか。

司会　まあ、社員などという低い身分ではないと。

新潮の悪魔　うーん、まあ、そうだなあ、〝崇拝《すうはい》〟される身分かな。

司会　それぐらいの雰囲気《ふんいき》はございますね。

新潮の悪魔　君、分かってるじゃないか。たまにはいいことを言うんだなあ。

司会　おそらく、そのくらい偉大《いだい》な方であったと。

綾織　新潮社の創立当時から編集方針を固めておられた方ですか。

新潮の悪魔　ん？　ん？
司会　当然そうでしょうね。
新潮の悪魔　ん？
司会　新潮社の方向づけを決められるぐらいの、頭脳、筆力《ひつりょく》を持たれていた方ですね。
新潮の悪魔　ん？　何だか気持ち悪いなあ。君らの言い方は、何だかむずがゆいよ。
里村　たいへん尊敬されている「新潮社の『天皇』」と言われた方でいらっしゃいますか。
新潮の悪魔　ん？
司会　ああ、立派な方がいらっしゃいましたね。
里村　マスコミ界では非常に尊敬されていて、いまだに、たくさんの信奉者《しんぽうしゃ》がおられます。

新潮の悪魔　君たちの言葉は、何だかなあ、ほめてるらしいんだが、何か、うーん、棘《とげ》が……。

司会　週刊誌業界では、たぶん、尊崇されている方々が、たくさんおられると思います。

新潮の悪魔　いや、君ら、すごくいい言葉を使うからな。尊敬だの、尊崇だの、頭脳だの、いろいろ珍《めずら》しい言葉を使うので、ちょっと、何か、気色《きしょく》悪いんだが。

里村　いや、でも、私は今、ジャーナリズム界の常識を言っておりますので……。

新潮の悪魔　うーん。

司会　この二人（里村、綾織）は、ジャーナリズム界にとても詳《くわ》しいのです。

新潮の悪魔　でもなあ、君らは、新潮には入れんだろう。

里村　ええ、もう、本当に難しいと思います。

新潮の悪魔　当たり前だよ。君らなんかが入れるような会社じゃないからな。

「取り調べ」ではなく「取材」を試みる

司会　あなた様がつくられた、その「新潮のカルチャー」が、やはり、戦後の日本を動かしてきたと考えてよろしいのでしょうか。

新潮の悪魔　いや、何か、君、ちょっと過大評価してるんじゃないかな？　まあ、わしらは、無名の権力だからね。

司会　無名の権力？　ただ、当時、創刊されたころは、革新的な週刊誌として出てきたのではないでしょうか。出版社系では初の週刊誌として。

新潮の悪魔　うん、まあ、「新しい潮《うしお》」だからね。

司会　あれは、あなたの発想だったのですか。

新潮の悪魔　何だか、君ら検事かい？

里村　いえいえ。

司会　検事ではないです。純粋《じゅんすい》に、「週刊新潮」という雑誌について……。

新潮の悪魔　週刊誌を取り調べるっちゅうのは、君らね、それは分《ぶん》を超《こ》えたことであって……。

司会　取り調べではありません。

里村　そういう意味ではございません。

司会　取り調べではなくて、取材です！　これはあなたがなされていたことです。

新潮の悪魔　こちらが取り調べるんであって、君らに取り調べられるような謂《い》われはないんだよ。

里村　今日は、少し取材をさせていただいて、研究をさせていただいております。

司会　取材です。あなた様は、もう、すでに……。

新潮の悪魔　ん？　何、「教えを乞《こ》いたい」っていうのか。

司会　ええ。

新潮の悪魔　ああ、「教えを乞いたい」っちゅうなら、まあ、それは話が違《ちが》うが。

里村　あなたの考えを明かしていただきたい。

新潮の悪魔　まあ、君らのような、マイナーなミニコミ誌の編集をやったような人間が、「ジャーナリズムの勉強をしたいので、五体投地《ごたいとうち》をして教えを乞いたい」っちゅうなら、まあ、ちょっとは、考えてやってもええがなあ。

綾織　ぜひ、お願いいたします。

新潮の悪魔　ああ、そうだな。君らのミニコミ誌は大きくならんぞ。

里村　特に、現在のあなた様の言葉は、本当にマスコミのなかでも、新潮社のなかでも、たくさんの人が聴《き》きたいと思っております。

新潮の悪魔　おお、そうかねえ。

司会　おそらく、そうだと思います。

里村　ぜひ、今、思うところをお聴かせください。

新潮の悪魔　君、何か、持ち上げるのがうまいな。そういう手もあるんか。
　君、テレビ局のほうから来たんだったか。

里村　少し、やりましたけれども。

新潮の悪魔　そうか。何か、おだててしゃべらすのは、ばあさんをしゃべらすやり方だろうが、君。

里村　いえいえ、とんでもないです。

新潮の悪魔　君ねえ、インテリに対しては、そういうやり方は通じないんだ。

悪魔の正体は「齋藤十一《さいとうじゅういち》」なのか

里村　ぜひ、教えていただきたいのですが、そうしますと、あなた様は、「週刊新潮」だけではなく、週刊誌全体の大きなカルチャーである、いわゆる「カネと女」という路線をつくられた……。

新潮の悪魔　何か、君、いきなりキーワードで攻《せ》めてくるなあ。

里村　ええ。そして、週刊誌による大衆文化というものをつくられた、齋藤十一《さいとうじゅういち》さんでいらっしゃいますでしょうか。

新潮の悪魔　君ら、何だね！　検事っていうのは、そういう予断をもって判断しちゃいけないんだよ！

里村　いや、検事ではありません。

司会　取材です。

新潮の悪魔　君、予断は駄目《だめ》だよ！

里村　はい、申し訳ございません。

新潮の悪魔　やっぱり、証拠《しょうこ》を積み上げていって、結論に行かなきゃいけない。いきなり、「犯人は君だろう」なんて言う、そんな検事が世の中にあってたまるか！

司会　いや、違います。これは週刊誌のトップ……。

新潮の悪魔　そういう悪徳検事は、即刻死刑《そっこくしけい》だよ、君。
　いきなりねえ、「おまえが犯人だろう」って、それはない。君、取り調べにはそういうことがあってはならん。

綾織　新潮社のなかで最も権威《けんい》のある方といえば、もう、齋藤十一さんですので……。

司会　これは、ある意味で、「週刊新潮」の会社紹介《しょうかい》ですよ。

新潮の悪魔　君らね、そんな、いきなり、「本星《ほんぼし》はこれだ」なんて、そういう予断を持った警察も検察も、絶対、許されん！

司会　いや、違います。会社紹介です。

綾織　そんなに悪いことをされているんですか。そうではないですよね。立派な仕事をされてきたのだと思いますので、そのお仕事を、ぜひ教えていただきたいのです。

新潮の悪魔　え？　いや、君らのは、ほめ殺しなんだろうからさ。「ほめ殺そう」と思って、ほめ上げて、あとで地獄《じごく》に落とすんだ。それは週刊誌のやり口なんだからさあ。

里村　いやいや、「落とす」だなんて……。

新潮の悪魔　まねするんじゃねえよ！

里村　そうですね、週刊誌はそういうやり口ですか。

綾織　そういう仕事をされていたんですか。

新潮の悪魔　百年早い。百年早いんだ、やり方が。

4　週刊誌の具体的手法を探《さぐ》る

売り上げを上げるために、疑惑《ぎわく》をもり立てていく

司会　ただし、新聞と週刊誌とを、明確に分けた……。

新潮の悪魔　まあ、その二つは違《ちが》う。

司会　功績を持たれてますよね。

新潮の悪魔　それは、あるよな。新聞は、主として八割は上半身を扱《あつか》い、週刊誌は、八割は下半身を扱うと。

週刊誌は、二割は上半身、八割は下半身を扱い、新聞は、八割は上半身、二割は下半身を扱う。まあ、こういうふうに住み分けはできてるわな。

司会　その住み分けをつくって、週刊誌業界を発展させたという……。

新潮の悪魔　そうそう。だから、「新聞では、ちょっと恥《は》ずかしくて書けないようなことも、週刊誌なら書ける」ということだ。これで、真実を国民に知らすことができるわけだ。

里村　まさに、その戦後の週刊誌の〝金字塔《きんじとう》〟というか、カルチャーをつくられたのが、あなた様でいらっしゃいます。

新潮の悪魔　いや、まあ、君ね、そんなのは、最後の最後まで、分からんものなんだよ。君ねえ、週刊誌記者としては、犯人を追いかけるような記事を書くことだってあるだろうけれども、最後の最後まで、犯人の断定っていうのはできないものであって、いろんな意見を聴《き》いて、相手の弁明も聴いて、最後の最後で、「もしかしたら、そうではないか」ぐらいのところで止《と》めるのが、週刊誌の礼儀《れいぎ》というものであってだね。

司会・里村　なるほど。

新潮の悪魔　君ね、判決文みたいなものを、いきなり書くような週刊誌は、週刊誌じゃないんだよ。
　週刊誌は、その疑惑《ぎわく》をできるだけもり立てていって、虚像《きょぞう》をものすごく大きくしていき、みんなに、「どうなんだろう。どうなるんだろう」と思わせ、次号につないでいって、売り上げを上げていくのが、発展の手法なんだよ。
司会　なるほど。当時、副社長であった佐藤亮一《さとうりょういち》さん（のち新潮社会長）との意見対立というのはなかったのですか。
新潮の悪魔　あんた、何か、すごく断定的なことを言ってくるじゃない。私は、誰《だれ》であるとも、まだ言ってないんだから。
司会　いやいや。では、当時の編集長の佐藤さんと、編集者である齋藤《さいとう》さんとの間では、何か、意見の違いはあったのですか。どちらが主導権を握《にぎ》っていたのでしょうか。
新潮の悪魔　君、私は、一言も認めてないんだからさあ。

司会　それでは、客観的に言ってください。

新潮の悪魔　ああ？

司会　客観的に見て、どちらが主導権を握っていたのですか。

新潮の悪魔　私は、別に、「人間だ」とも言ってないじゃないか。何言ってるんだ。神かもしれないだろうが。

　君らが言う、天上界《てんじょうかい》の神、九次元霊《れい》のなかに、もしかしたらだなあ、マスコミ担当がいるかもしれないじゃないか。それを、君らは、まだ発見してないかもしれない。第十一番目の九次元霊がいて、それは、もしかしたら、マスコミ担当をしているかもしれない。君らは、それを見逃《みのが》してるかもしれないじゃないか。

司会　神であっても、地上に降りたら、名前は持つんですよ。

新潮の悪魔　ああ。そうなんか。まあ、そういうこともあるか。そうか。

「週刊新潮」は民間の検察官なのか

里村　それでは、週刊誌の〝神様〟とも言われる方にお伺《うかが》いします。「週刊新潮」が創刊されたのが一九五六年です。幸福の科学の大川総裁が生誕された年につくられて……。

新潮の悪魔　何か、嫌《いや》な年だね。嫌な年だね。ふーん。

里村　今年、五十五周年という年を迎《むか》えておられますけれども……。

新潮の悪魔　おお。じゃあ、同《おな》い年《どし》か。

里村　なぜ、昭和三十一年、一九五六年に創刊されたのですか。

新潮の悪魔　それは、まずいな。お互《たが》いに、記念で祝うときに、ぶつかっちゃうじゃないか。なあ。

合同ではできないしなあ。

司会　その年に、現社長もお生まれになったのではないでしょうか。

新潮の悪魔　君ら、やっぱり検察庁かね。

司会・里村　違います。

新潮の悪魔　ん？

司会　取材です。

里村　いや、お話をお聴きするに当たって、基本的なところだけでもと……。

新潮の悪魔　いや、これは力比べだからな。うん。マスコミ人としての力比べだからね。

司会　当然、「週刊新潮」も、こういう取材をされていると思うのですよ。

新潮の悪魔　いやあ、それは、当然そうだけどもさあ……。

司会　これは、あなたから流れてきているカルチャーでもあります。

新潮の悪魔　おまえらに取り調べられるほど落ちぶれたかどうかということを……。

司会　取り調べではないです。

新潮の悪魔　自分で認められるかどうかっちゅうことは、やっぱり、一つの問題だろう。

司会　「週刊新潮」は、取り調べをしているのですか。

新潮の悪魔　いちおう取り調べはしてるなあ。まあ、だから、民間の検察官だよな。うん。

司会　では、同じですね。「取り調べをするのは悪いことではない」ということですね。

新潮の悪魔　でも、君も、新潮を受けたら、やっぱり落ちるだろうな。

司会　ええ。まあ、落ちると思います。

新潮の悪魔　うん。顔が悪いしさあ。まあ、週刊誌は、顔は悪くてもいいんだけど、ただ、たぶん筆力《ひつりょく》が足りないな。その言語能力から見て、ちょっと足りないな。

週刊誌は「カネと女」を追えば倒産《とうさん》しない

綾織　ぜひ、その、新潮の仕事ぶりを教えていただきたいのですが。

司会　そうですね。その素晴《すば》らしい新潮のエキスを教えてください。

綾織　悪をあぶり出していく対象というのは、例えば、どういうものがあるのでしょうか。

新潮の悪魔　それは、さっき、君らも、ズバッとキーワードで攻《せ》めてきたから、よく知ってるじゃないか、宗教のわりには。ああ?

綾織　「カネと女」というわけですね。

新潮の悪魔　ああ。それは、もう、ツー・キーワードだ。「これをやってたら、まず倒産《とうさん》しない」っていうのは、一つの不文律だな。

里村　はい。

新潮の悪魔　だから、週刊誌は「カネと女」を追えば、倒産しない。

司会　それは、発明ですね。

新潮の悪魔　まあ、発明というか、新聞で書きにくいでしょう? 露骨《ろこつ》には書きにくいからねえ。スポーツ紙とかならオッケーだけど、メジャー紙では書きにくい。

メジャー紙でカネの問題を追及《ついきゅう》するのは、「政治家のカネ」と決まっていて、やっぱり、証拠《しょうこ》固めがそうとう必要だけども、週刊誌の場合、証拠固めは、あとからでも構わないので、疑惑があった段階で、もう記事にできる。これが、うまい。

里村　証拠固めは、あとからでよろしいわけですね。

新潮の悪魔　疑惑を出し、みんながそれにたかってきて、調べていったら、そのうち、何か出てくるもんなのさ。どんな人間だって、叩《たた》けば出てくるから。

とにかく「日本《にっぽん》の黒い霧《きり》」を追及《ついきゅう》すればいい

綾織　あなたは、かなり独特な仕事のやり方を開発されたそうですね。
新潮の悪魔　週刊誌的かな。まあ、そうかな。
綾織　はい。「書き手としての編集者がいて、それとは別に、とにかく取材をして材料だけを集めてくる人がいる」という分業体制にされていると聞きましたが……。
新潮の悪魔　君、何か、いやらしいな。ちょっと、同業のにおいがするから、嫌な感じがする。
綾織　いや、こういう仕事のやり方は、なかなかできないものですから、「ぜひ、教えていただきたいな」と思いまして……。
新潮の悪魔　だからねえ、君も同業なんだろうから分かるだろう。ほんとは、「書きたいこと」っていうのは百倍ぐらいあるんだけど、実際、「書けること」っていうのは百分の一しかないんだよな。

やっぱり、それは、かなり煮詰《につ》めてこないと、実際は書けないもんだわな。例えば、人がしゃべったぐらいでは、事実かどうかって、そんなもん、分からないからね。ほんとは裏も取らなきゃいけないし、客観的な証拠も取らなきゃいけないけど、時間がかかるしさあ。

週刊誌みたいに、一週間でやってるものっていうのは、実際上の取材期間は三日ぐらいしかないことが多いからね。あるいは、一日で書く場合もあるから、証拠固めなんか、警察みたいに悠長《ゆうちょう》にやってたんじゃ、とてもじゃないけど、旬《しゅん》の事件は全部逃《のが》しちゃうからね。

まあ、「何々の疑惑」というふうに、「疑惑」という題が、頭に、いや、最後か、『何々の疑惑』とつけられるところまで来たら、もう書け！」というのが、一つの見切りだな。

綾織　では、もう、見出しは決まっているわけですね。

新潮の悪魔　ええ、とにかく、もう、「日本《にっぽん》の黒い霧《きり》」を追及《ついきゅう》すればいいわけよ。

里村　ジャーナリズムの一つの目的として、「真実の探求、追究」がありますけれども……。

新潮の悪魔　まあ、「真実の探求、追究」って、それは哲学《てつがく》だよ。君ね、哲学と週刊誌は違うんだよ。

里村　そうすると、週刊誌は……。

新潮の悪魔　「真実の探求、追究」って、あんた、そんなことやってたら、もう、すぐ廃刊《はいかん》になるよ。そんなもん、売れないから。

里村　なるほど。

新潮の悪魔　まあ、建前では、やってもいいけどね、本気でやったら、君、潰《つぶ》れるよ。

「白を黒に」「持ち上げて落とす」が基本

里村　そこで、売れるものとして「週刊新潮」が打ち出したのが、「カネと女」ですか。

新潮の悪魔　そう。まったくの白を「黒」と言うのは、たまにしかできないけどさあ。

里村　たまには、やっているわけですね（苦笑）。

新潮の悪魔　たまにはね。まあ、少しはできるけど、全部はできない。ものすごく灰色部分が多いんだよ。捜査《そうさ》においても灰色部分は多いしさ、マスコミの報道においても灰色部分っていうのは、けっこう多い。だけど、「その灰色を、どの程度まで黒と見るか」というのが、それぞれのマスコミの、力量や見識にかかっているわけじゃないか。クオリティ紙が言い出すと、だいたい灰色の範囲《はんい》を狭《せば》めて、できるだけ黒のところに寄ってくるわけね。それで、最終的に、そこが決めたら、「黒だ」というふうになる。朝日なんか、そういう気《け》が長らくあったけど、最近、ちょっと弱ってきているので、朝日も、ださいニュースを出し始めているけどね。

もともと、朝日が決めたら、「有罪」「黒」という感じだったね。だけど、今、朝日も、経営危機だからな、やや二流化しつつある。

われらは、「白でも灰色に見せるところをできるだけ開発していくことが、ベンチャー気質であり、新しいマーケットの開拓《かいたく》だ」というふうに考えるわけだよ。

里村　新潮さんはそれがすごく上手ですね。「白いものを灰色に見せ、灰色を黒に見せる」というところが、本当に上手ですね。

新潮の悪魔　そうなんだ。君、里村だろ？

里村　はい、里村と申します。

新潮の悪魔　だろ？　だから、書くことがない場合はだねえ、「里村は、はたして総理大臣たりうるか」って書いて、次の号で、「やっぱり、その資格はなかった」と書けば、二回書ける。おんなじ記事で、売り上げが二倍。それで食えるわけだ。ね？

里村　なるほど。

新潮の悪魔　だから、「持ち上げて落とす」。

「里村は、総理大臣になれるんじゃないか。鳩山《はとやま》よりも口が立つ。鳩山よりも斬《き》り込《こ》みが鋭《するど》い。鳩山よりも経済が分かってるかもしれない。鳩山よりも人間の気持ちがよく分かってるかもしれない。里村が、総理大臣になるべきではないのか」と書く。

そして、翌週、「やっぱり、鳩山のほうが、歴代続いた、ちゃんとしたエリートの血筋の御曹司《おんぞうし》であるので、こちらを立てるのが、日本の国のためにも外国に対してもいいだろう」「里村というのは、えぐい人間であって、ドヤ街から上がってきたような男であるから、こんなのを日本の総理にしたら、田中角栄《たなかかくえい》の二《に》の舞《まい》になって恥《はじ》をかくから、やっぱり、するべきではない」と、こう変えれば、少なくとも、二回分、書けるわな。

里村　ええ。

新潮の悪魔　まあ、こういうふうに、白でも灰色にして、黒に持ってくる。まあ、これが、週刊誌の基本的な……。

司会　それは、社員教育としては、かなり徹底《てってい》しているんですね。

新潮の悪魔　君、それは、もう常識だろうが。そんなのは「いろは」だよ。

司会　新入社員には、もう……。

新潮の悪魔　うん。だから、いきなりねえ、「世の中に白があると思うな」と言う。これが、まず、前提なんだよ。
　基本的に、人間には、全部、裏がある。

司会　裏がある？

新潮の悪魔　「基本的に、真っ白の人間なんて、世の中には存在しない。だが、白く見せようとする人間はいる。その白く見せようとする人間のなかには、必ず嘘《うそ》がある。だから、その、白く見せておるやつの皮を、まず、一枚剝《は》がして、灰色であるところを出せ！　灰色を出したら、その灰色を、より黒くしていくように攻め込んでいけ！」

ということだ。

そして、本人を追い込んでいって、周りに賛同者を集め、週刊誌とか、新聞とか、テレビとか、みんなで、寄ってたかって攻めれば、黒にできる。

だから、まあ、ほんとは、無罪の人でも有罪にできるんだよ。

司会　なるほど。

5　悪魔が語る週刊誌の〝正義の基準〟

創価学会の次の獲物《えもの》は幸福の科学？

綾織　その、「黒にできる」というあたりで言うと、今、いちばん大きな獲物《えもの》は、どのような対象なのでしょうか。

新潮の悪魔　うーん、まあ、長らく池田大作《いけだだいさく》を追っておったんだけどなあ。でも、八十何歳《さい》で年取ったし、もう、あと死亡記事しか持ってるもんはない。入院記事を書いても、みんな、どうせ、そんなの分かってるから、大したことない。

あとは死亡記事しかないので、死んだあとの創価学会の大混乱みたいなのは狙《ねら》っていて、準備はしているけどね。

それはやるけど、でも、あとは〝腑分《ふわ》け〟だからね。死んだ象を解体するだけの仕事だから、まあ、大したことはないし、いったん死んだ者は解体しても反抗《はんこう》してこねえから、ほかの弱いマスコミだって、十分やるだろう。

だけど、わしらは、「生きている創価学会を攻撃《こうげき》してた」っていうプライドを持ってるからねえ。創価学会は、「気をつけろよ。月夜の晩だけじゃないぞ」なんて脅《おど》すようなところだけど、月夜じゃない晩でも怖《こわ》くないのが、新潮の誇《ほこ》りだからね。だから、まあ、創価学会は、そろそろ沈《しず》みゆく夕日というか、もう、ほとんど沈みかかってるわな。

次は、それは……。いや、ある意味では、私らはね、悪口を言いつつほめてるんだから、ちゃんと知らなきゃいけないよ。

里村　書き方を見ると、とても、ほめているとは取れませんけれどもね（苦笑）。

新潮の悪魔　いや、ほめてるんだよ。私らの悪口っていうのは、ほめてるんだよ。悪口を言う場合は、「『あなたには権力がある』」、あるいは、『権力者の資質がある。これから成長してくる』ということを認めた」ということであるからね。

週刊誌のほめ方って、そういうほめ方なんだよ。

司会　なるほど。

新潮の悪魔　「君には、日本の黒い霧《きり》をつくる力がある」と言ってるっちゅうことは、「ほめてる」ということなんだから。まあ、そういう、ほめ方なんだよ。これを、ちゃんと理解しなきゃいけない。

だから、「創価学会の次は、幸福の科学だ」ということだ。幸福の科学を屠《ほふ》るには、できるだけこれを大きくしなきゃいけないので、幸福の科学の虚像《きょぞう》をできるだけ大きく膨《ふく》らましておいて、それから、解体していく。そういう楽しみっていうのが、やっぱりあるじゃないか。

里村　今、「ほめる」と言ったあとに、「屠る」と言いましたね。

新潮の悪魔　ああ。まあ、言葉的には、似たようなもんだよ。

里村　そうすると、要するに、「今、ほめている」ということは、「屠っている」ということなんですね。

新潮の悪魔　君らが、僕《ぼく》をほめて、屠ろうとしたのと、おんなじ論法だ。

司会　いや、屠ろうとはしていません。

週刊誌を発展させた手法というか、週刊誌カルチャーを、最初につくられたというところを、純粋《じゅんすい》にお訊《き》きしたかったのです。

新潮の悪魔　まあ、欧米《おうべい》だって似たようなものなんじゃないか。そんなに変わらないんじゃないか。

「カネと女と権力」は週刊誌の〝錦《にしき》の御旗《みはた》〟

里村　それでは、なぜ幸福の科学に目をつけたのですか。

新潮の悪魔　それはねえ、今、「カネと女」と言ったが、「カネと女」以外に、もう一つ、「権力」だな。やっぱり、「カネと女と権力」、この三つを追及《ついきゅう》しておれば、週刊誌は食っていけるわけよ。

あなたがたは、さっき、「正義の基準がない」とか、「善悪の基準を示せ」とか言ったけど、善悪の基準ははっきりしてんだよ。

だから、「カネと女と権力」、この三つが〝錦《にしき》の御旗《みはた》〟で、まあ、〝三色旗〟に当たるわけだ。「この三点で、かすかなりとも網《あみ》に引っ掛《か》かったものは撃墜《げきつい》すべし！」というのが、基本的な〝正義〟の立場だ。

要するに、「仮想敵、敵機と思われるものが来て、スクランブルをかけたが、撃《う》っていいかどうか分からない。そういうときには、『カネと女と権力』に引っ掛かったら撃て！」と。まあ、これが鉄則だな。

里村　幸福の科学のどこが、「カネと女と権力」に引っ掛かっているのですか。

新潮の悪魔　いや、それは、全部、関係してるじゃないか。

「カネ」は、非課税でいっぱい集めようとしてるし、建物もいっぱい立ってるから、実証してるじゃないか。なあ。それに、大川も高額納税者なんかに載《の》ってたじゃないか。金がある。それは間違《まちが》いない。

それから、「女」は、もう婦人がいっぱい集まっとるし、女性心理をつかむ場合には、こういう団体っちゅうのは必ず騙《だま》しを使う。「騙しのテクニック」を使わないかぎり、女っていうのは引っ掛からない。女は騙しに弱いので、女が集まるところには必ずトリックがあるはずなんだ。そのトリックを暴《あば》かなきゃいけない。

「権力」は、政治のほうに進出したところで、自分で実証したようなもんだな。もう、権力欲があることは実証された。

三点、全部引っ掛かったから、これからは「幸福の科学追及の時代」であって、われらは、何年食えるか、計算してるところだ。

マスコミ業界では、同業者の粗《あら》は探さない

里村　なるほど。ただ、今の、その物差しですと、新潮社さんもすべて当てはまると思うのですが。

新潮の悪魔　いや、君ねえ、われらは、そんなに金はない。ほとんど赤字だよ。だから、貧乏人《びんぼうにん》はいつも正義なんだよ。正しいんだよ。

里村　今おっしゃったところについてですが、新潮社さんは、まず、不動産で言いますと、新宿の矢来町《やらいちょう》を中心に、たくさんの物件を抱《かか》えていらっしゃって……。

新潮の悪魔　君ねえ、週刊誌を取り調べたり、マスコミを追及したりするなんて……。

里村　いや、事実です。

新潮の悪魔　いやあ、君ねえ、何？　嫌《いや》だなあ。

司会　新潮社は、同族経営で、ずっと来てるじゃないですか。ただ、週刊誌が、ずっと同族というのは、ちょっと……。

新潮の悪魔　週刊誌の責任を追及するなんて、こんなこと、してはいけないことなんだよ。

里村　出版社が、新宿の土地を、どんどんどんどん買い増して……。

新潮の悪魔　マスコミ業界ではね、そういう同業者の粗《あら》は探さないっていうことになってるんだ。

司会　しかも、創価学会と非常に近い場所です。

新潮の悪魔　もう、すでに死体になった場合には、最後、みんなで腑分けするけども。

民衆が嫉妬《しっと》するなら〝正義〟と判定する

司会　ちょっと気になることがあります。前回、あなた様がインドのホテルに出てこられたときに、「要するに、嫉妬《しっと》なんだよ」とおっしゃっていたと思うのですが。

新潮の悪魔　まあ、そうなんだよ。

君らは、「正義とは何か」って言ったからさあ、宗教だから、あえて言ってやるけど、「正義とは何か」が分からなければだなあ、とにかく、「民衆が嫉妬するかどうか」を考えればいいんだよ。

司会　いや、あなたが「嫉妬した」と言っていました。

新潮の悪魔　「この案件を民衆が見て、嫉妬するかしないか」を考え、嫉妬するなら、〝正義〟と判定する。まず、これで、灰色認定はできる。「民衆が嫉妬したら灰色」だね。「嫉妬がたくさん集まったら、もう、〝正義〟で、相手は真っ黒け」。こういう感じだな。

司会　ただ、あなたが「嫉妬した」ということでしたよね。

新潮の悪魔　私は、もう〝神〟のような存在だから、嫉妬はしないけれども、人々に、〝正義の原理〟を教えてるだけじゃないか。

里村　いや、嫉妬の種をまいたわけですよね。

新潮の悪魔　「種をまいた」っていう言い方はないでしょう。私は、商売に励《はげ》んだだけであって、そんな、種をまいたわけじゃない。

綾織　嫉妬でいうと、今の社長も、幸福の科学の大川総裁に嫉妬をしているということですか。

新潮の悪魔　あんた、それは宗教家じゃないか。嫉妬はしてないんじゃないかなあ。

嫉妬はしてなくて……。

綾織　年齢的《ねんれいてき》にも同じですし。

新潮の悪魔　まあ、やっぱり、「飯の種だ」と思ってるだけじゃないの？

新潮社は幸福の科学に嫉妬《しっと》しているのか

里村　ただ、キーワードが幾《いく》つかありまして、今、綾織が言ったように、「生年が、同じ一九五六年である」ということですね。

新潮の悪魔　まあ、それは、ちょっと、「偶然《ぐうぜん》」という言い方もあるから。

里村　それから、新潮社さんが、最近、幸福の科学を叩《たた》くのに、いや、〝ほめる〟のに、とにかく、「年間、三百億円のお布施《ふせ》が集まるんだ」というように書いていらっしゃいます。私たちは、こうした数字は発表しておりませんが、それでも、そういうふうに書いていらっしゃいますね。

新潮の悪魔　いやあ、五十億円ぐらいくれたら、うちは楽になるんだけどな。

里村　確かにそうですね。新潮社さんの昨年度の売上高は、二百九十七億円で、今年、二〇一一年三月期の決算では、それをかなり下回りそうだと。

新潮の悪魔　うーん。だから、君、新潮社がだね、年間、何百冊の本を出しても、どれだけの週刊誌を発行しても、それで養える社員っていうのは、幸福の科学の職員より少ないんだよ。

里村　はい。

新潮の悪魔　幸福の科学は、大川隆法が本を書いてるだけで、千何百人もの職員が食っていけるんだよ。

里村　千四百人です。

新潮の悪魔　こんなの、考えられないよ！

里村　新潮社さんは、四百人ですよね。

新潮の悪魔　こんな著者が一人いたら、四百人どころじゃない。ねえ。うちが三倍になっちゃうんだから。三倍か四倍になっちゃうんでしょう？　著者一人でしょう？　そんなことは、ありえないですよ。

里村　ええ。

新潮の悪魔　司馬遼太郎《しばりょうたろう》がさあ、たとえ、新潮社の社員でいたとしても、彼をお抱《かか》えで持ったとしても、「司馬遼太郎で千何百人食えるか」って言ったら、食えないよ。それは無理だよ。

こんなことは、君ねえ、出版業界においては、ありえないことなんだ。ありえないことをやってるっちゅうことは、裏で何か詐欺的《さぎてき》なことが必ず行われてるんだよ。〝手品〟がなければね、そういうことはありえないんだよ。

われらみたいに売れない本を出し続けた人間にとってはだね、こんなことはあってはならないことであるから……。

司会　それは、嫉妬《しっと》ではないですか。

新潮の悪魔　え？　嫉妬かなあ。

司会　（苦笑）

新潮の悪魔　いや、マスコミ全体の客観的な意見だよ。どこにアンケートしても、「こんなことは、ありえない。あってはならないことだ」とみんなが言う。

司会　あなたが理解できないから、嫉妬しているのではないですか。

新潮の悪魔　だからね、それは、理解できないわけではなくて、まあ、たまには、赤《あか》川次郎《がわじろう》みたいな、ベストセラーを書くのもいるかもしれない。でも、出版社までは経営できないよな。

「文春」も一緒《いっしょ》の意見だよ。まあ、確かにあそこは、菊池寛《きくちかん》が文藝春秋社《ぶんげいしゅんじゅう》を起こしたかもしれない。でも、「菊池寛は、作家でありながら出版社を起こした」とは言いつつもだね、文藝春秋社は、やっぱり、何百人かの社員が働いて、ヒイヒイ言って、何とか食ってますよ。作家をいっぱい抱えて、売れない赤字本を出しながらやってるわけですよ。

「出す本が全部ベストセラーで、ギネスに載って」って、もう、こんなのはね、北《きた》朝鮮《ちょうせん》の金正日《キムジョンイル》か金正恩《キムジョンウン》、あ、その前のやつか。金日成《きんにっせい》だったかな？　知らんが、まあ、そんな国定本《こくていぼん》？「国家公認の本を、みなでいっぱい書いて、本人のものにして出す」っていう以外、考えられない。

綾織　それだけの本が出て、売れている理由は、今、齋藤《さいとう》さんがここに来て話をされていることにあります。それが秘密なのです。

新潮の悪魔　「齋藤」って、何で、君、私は、まだ名前を名乗ってない。私は、マスコミ界の〝神〟ではあるが、名前は名乗ってないよ。

綾織　ここにあなたが来て話をされていること自体が、その秘密なんです。

新潮の悪魔　は？　秘密？

綾織　はい。

新潮の悪魔　ふーん。

綾織　ええ。これが秘訣《ひけつ》です。

里村　これが、今、日本だけではなくて、世界中の人が知りたいことなのです。

新潮の悪魔　ほーお。

里村　ですから……。

新潮の悪魔　君ら、ＣＩＡ（アメリカ中央情報局）も兼《か》ねてるわけね。

里村　いえいえ、ＣＩＡというのは、また別の人が、過去世《かこぜ》において、そういった仕事をやっていたこともあったのですが（『現代の法難《ほうなん》①』〔大川隆法著、幸福の科学出版刊〕参照）……。

新潮の悪魔　ああ、そうか。

里村　新潮社さんを見ていて、私も信じられないのは、「村上春樹《むらかみはるき》さんという、今、ノーベル文学賞の候補にもなっているような方の『1Q84』が、あれだけ売れていながら、結局、利益が上がらない」ということです。

そのへんが、やはり、「嫉妬心」と言われても……。

新潮の悪魔　だからさあ、ほかの本が返本の山なわけよ。

相手が大きいほど叩《たた》けば儲《もう》かる

里村　「週刊新潮」も、部数が下がっていますね。

新潮の悪魔　ああ。だからね、いや、大川きょう子が「幸福の科学は小さい」とか言ったって、私らは、別に、賛成してるわけじゃないのよ。

私らは、幸福の科学が大きけりゃ大きいほど、叩《たた》けば儲《もう》かるし、売り上げが増えるし、信者が買ってくれるから、「小さくなってほしい」なんて、全然、思ってない。いくらでも、大きけりゃ大きいほどいい。信者は、もう何億人いたって構わない。とにかく、叩けば、うちが儲かるんだったら、もう大きけりゃ大きいほどいいので……。

里村　やはり、叩いて、それで、今、「週刊新潮」の部数が下がるのが止まらないのを、上げようとしていると。

新潮の悪魔　そうそう。いや、それは、まあ、結果論的には、そういうこともあるかもしれないけども、創価学会だって、「小さい」なんて、私らが言ったことは一度もないよ。

「いかに巨大《きょだい》であるか」ということをいつも訴《うった》え続けて、彼らの宣伝に協力してきたんだよ。実態がそんなにないことぐらい、分かってはいるけれども、大きくないと面白《おもしろ》くないじゃないですか。

だから、「ドン・キホーテが巨象に挑《いど》む」っていう、このスタイルが、やはり週刊誌の基本的な醍醐味《だいごみ》なんだよ、君い。

司会　なるほど。あなたのスタイルというか、シナリオがあるわけですね。

6　今回の「大川きょう子問題」について

記事にしたことで実は困っている

司会　ところで、あなたは、インドで、「白金《しろかね》の某女史《ぼう》（大川きょう子）が言っていることは、チンプンカンプンだ。よく分からん。当てにならない」とおっしゃっていましたよね。

新潮の悪魔　……。君ね、何？　見てきたようなことを言うなあ。

司会　いや、あなたが言ったのだから、しかたないではないですか。

新潮の悪魔　君、証拠《しょうこ》もないのに、見てきたような、聞いてきたようなことを言うなあ。テープレコーダーに録《と》らなかっただろう。

だから、君、それは失敗なんだよ。取材としては、テープレコーダーを回してなけりゃ、証拠物件にならないんだよ。それは、あなたがそう言ってるだけだから。

司会　その言い方自体が、もう、「痛いところを突《つ》かれた」という雰囲気《ふんいき》になっていますが、まあ、要するに、「チンプンカンプンで分からない」ということですね。

新潮の悪魔　何だ、おまえ、そんなことまで分かってるのか、くそお！

司会　ええ。

里村　でも、某女史の記者会見に参加した記者さんたちには、確かに、そういう意見はあります。

司会　やはり、あなたは、チンプンカンプンなんでしょう？　ただ、シナリオがあるわけですよ。

新潮の悪魔　だけどさあ、いや、チンプンカンプンであっても、まあ、いいよ。

司会　ええ。

新潮の悪魔　チンプンカンプンであってもいいけども、「その〝チンプンカンプン女史〟を、妻として二十年以上置いた」っていうのは、公人《こうじん》として責任があるだろうが！　だから、「その〝チンプンカンプン〟と夫婦でいられたということは、夫であったほうも、やっぱり、いかれてるんじゃないか」という推測が働いたっておかしくないじゃないか！

司会　しかし、チンプンカンプンなものを記事にして、今、困っていませんか。

新潮の悪魔　うーん……。いや、ちょっと困ってるんだよ。

司会　困ってるでしょう？

里村　そうですねえ。

新潮の悪魔　いやいや、それは、言いにくい……。ちょっと行き詰《づ》まってきてはいるんだけども。

司会　これは、やはり、大問題になってしまうのではないですか。この〝チンプンカンプン〟が言っていることに、かなりの嘘《うそ》が入っているので、あなたは、「けっこう危ない」と、今、思っていませんか。

新潮の悪魔　いやいや、大問題にはならない……。まあ、だけどさ、もう、あとは国民の慈悲《じひ》を乞《こ》うしかないけれどもだな。

里村　そうですねえ。

新潮の悪魔　だけどもね、「総裁夫人たる者が言ってることが、そんなに間違《まちが》っているはずがない。いちばんよく知っているべき人であるからして、これは信憑性《しんぴょうせい》がある。週刊誌が八十パーセント信じても、まあ、それはやむをえないことではないか」と、国民の誰《だれ》もが認めてくれると思うんだが……。

司会　あなたは、「『信者がそうとう動揺《どうよう》して、大変なことになる』と思ったら、全然、普通《ふつう》なので困っている」とおっしゃっていましたよね。

新潮の悪魔　うーん。いやあ、まあ、だから、向こう（大川きょう子）はね、「自分の意見についてくる人は、何万人かはいるだろう」と言っていたから、こっちもそう思って……。

司会　ああ、騙《だま》されましたね。

新潮の悪魔　教団が割れて、戦わせたら、面白《おもしろ》いじゃないか。それも、毎号書けるじゃん。そしたら、今年は、売り上げがグッと上がる。

司会　ああ。

里村　ところが、それで、〝チンプンカンプン〟に乗ってしまって、勇み足をし、今回、幸福の科学から名誉毀損《めいよきそん》の訴訟《そしょう》まで起こされるに至ったと。

司会　あなたは、「潰《つぶ》されたらまずい。新潮が潰れるんじゃないか」とおっしゃっていましたね。

新潮の悪魔　あれ？　あんたに言ったっけかなあ？
君ねえ、テープレコーダーを持ってないんだから、そんなことを想像で言っちゃいけない。

司会　いや、過去世《かこぜ》でインド人だった人というのは、もう、頭がテープレコーダーなんです。

新潮の悪魔　頭がテープレコーダー、ああ、そう。

里村　でも、たぶん、新潮社のなかにも、「これは大丈夫《だいじょうぶ》かな」と思っている方は多いと思いますよ。今回、証言のネタ元として、かなり危なげな人を使い、ずいぶんやらせすぎてしまったかもしれませんね。

新潮の悪魔　いや、「危なげ」と思わなかった。だって……。

司会　今回、社員は動揺していると思いますよ。

週刊誌的には格好の獲物《えもの》に見えた某《ぼう》女史

新潮の悪魔　君ねえ、彼女は、ほんの一年か二年前に、幸福実現党の党首で出てて、全国にポスターが貼《は》られてたじゃない。
つまり、これは、幸福の科学が、それだけの信用を与《あた》えた人だということだろう。それで、何か、「ヒラリー・クリントンやマーガレット・サッチャーにも匹敵《ひってき》する」って、そこまでほめ上げていたんだから、その人の言うことに、そんな間違いがあるとは誰も思えないよ。
司会　あなた、もっと調べないと。
新潮の悪魔　え？
司会　それが、「週刊新潮」の、もう一歩の詰めの甘《あま》さですよ。
新潮の悪魔　ええ？
里村　取材が甘かったのです。
新潮の悪魔　君、まあ、それはねえ、週刊誌っちゅうのは、確かにハイエナみたいなところがあるよ。

ハイエナが狙《ねら》うのは、弱った動物だよ。だって、ピンピンしてるやつを狙ったって、なかなか捕《つか》まえられないからさあ。ちょっとは、びっこを引いてるとか、病気してるとか、何か、死にかかって弱っているとか、子供みたいな足の遅《おそ》いやつとか、そういうのを狙うのが、ハイエナの特徴《とくちょう》だからな。

週刊誌的には、そういうのを狙うのがいいんだけど、宗教に関しては、普通は、ロートル幹部でクビになったようなやつあたりを狙うのが、まあ、常道《じょうどう》なんだけどね。まさかなあ、現役《げんえき》の総裁夫人がだねえ、そんな獲物《えもの》として引っ掛《か》かってくるなんて、こんな状況《じょうきょう》で、よだれを垂らさない狼《おおかみ》がいるわけがないだろう。

里村　二年前に、党首のときもありましたが、さらに、その二年前をもう少し調べればよかったのです。そのときは、新潮さんが、大川総裁の御《ご》三男の「いじめ事件」を報道して……。

新潮の悪魔　うーん。そうなんだよなあ。それは、そうなんだよなあ。

里村　そして、幸福の科学が新潮社を訴《うった》えて、新潮社は敗訴《はいそ》しているんですよね。

新潮の悪魔　うん、そうなんだ。それはそうなんだけど……。

里村　その訴えを、「一生懸命《いっしょうけんめい》やれ！」と言ったのが、彼女なのです。

新潮の悪魔　まあ、それはそうなんだ（苦笑）。いや、それは、分かってはいるんだけど……。

司会　まんまと引っ掛かってしまったわけですね。

新潮の悪魔　知らないわけではないんだけども……。

司会　これは、危ないですよ。

新潮の悪魔　いや、要するに、それでおたくに〝貸し〟をつくったわけよ。その〝貸し〟の部分を、今回、返してもらおうと思ったわけよ。

　分かるかい？

里村　ええ。

新潮社と幸福の科学との過去の確執《かくしつ》

里村　特に、「週刊新潮」の現編集長の酒井《さかい》さんは、もともと、「フォーカス」にいらっしゃって、一九九〇年当時、大川総裁夫妻を写真週刊誌が初めて盗《ぬす》み撮《ど》りしたときに、その編集部にいらっしゃったようです。

その後、一九九一年の「講談社フライデー事件」〔注1〕をきっかけに、写真週刊誌批判が高まり、「フォーカス」も、売り上げが激減します。結局、二〇〇一年に事実上の廃刊《はいかん》になり、それで「週刊新潮」に移られた方なんですね。

ですから、「積年の恨《うら》みが、かなりあったかな」と思います。

新潮の悪魔　それについてはねえ、いやあ、わしらもねえ、考えとることは、あるのよ。

里村　はい。

新潮の悪魔　おまえら、講談社を狙って攻撃《こうげき》したけども、ほんとの狙いは、こちらの

「フォーカス」だろうとは見ていた。「フォーカス」は、まんまと、事実上の廃刊に追い込《こ》まれたのでね。

あの攻撃は陽動作戦で、「ほんとは、こっちを潰す気だろう」と思っていたよ。「たぶん、そうだろう」と思ってた。

里村　なるほど。そのように受け取られていたんですね。

新潮の悪魔　おまえらは、「最も強いところと戦うことにより、世論《せろん》として、『写真週刊誌は悪』というイメージを広げることができたら、自動的に弱いほうから潰れる」と考えていただろう。こっちは、「策略家だなあ」というふうに見ていたよ。

だから、それは、「恨み骨髄《こつずい》に徹《てっ》す」よ。それは、そのとおりよ。

私らはね、だから、あんたらを〝ほめ上げて〟やったのよ。「フォーカス」は、悪いことばっかりしたわけじゃないのよ。住居侵入《じゅうきょしんにゅう》しただけじゃないんだよ。

それだけじゃなくて、ちゃんと、大川隆法の「御生誕祭」を〝ほめ称《たた》えた〟こともあったと思うよ。「こんなでっかいバースデーパーティーをやりおった」って、確か、そんなのを載《の》せてなかったかな？　あれは、「フォーカス」でなかったかなあ。「フライデー」だったかなあ。

里村　でも、そのときから、もう、ずっと、「週刊新潮」の酒井現編集長は、幸福の科学とかかわりがあり、今回も、やはり……。

新潮の悪魔　うん。だから、私の次の〝神〟を目指して、今、頑張《がんば》ってるんだよ。

里村　そういう意味では、今回の、きょう子氏の一連のいろいろな誹謗中傷《ひぼうちゅうしょう》を記事として取り上げる方向というのは、やはり、あなたから現編集長に、ずいぶん、インスピレーションが降りていたと考えていいですか。

新潮の悪魔　うーん。だから、まあ、過去の経緯《けいい》から見たらね、うちがあの人（大川きょう子）の意見を聞く立場にないのは、あんたが言うとおりではあろう。

けれども、これを戦《いくさ》として見たらだねえ、例えば、「項羽《こうう》軍と劉邦《りゅうほう》軍があって、劉邦軍の武将というか将軍が、夜陰《やいん》に乗じて、わざわざ、項羽軍に裏切り情報を持って駆《か》け込んできた」というようなことだよ。

それは、謀略《ぼうりゃく》かもしれないが、もしかして本当かもしれない。
「劉邦は、今、酒を飲んでグウグウ寝《ね》とる。今、襲《おそ》えば一発で殺せる」という情報が入ったとしたらだな、謀略の可能性もないわけではないけど、ほんとの可能性だってあるから、いちおう攻撃をしてみる価値はやはりあるわなあ。

里村　九十九戦九十九勝した項羽軍は、まさに、そうした謀略に引っ掛かっていって、最後、負けたんですよね。

新潮の悪魔　うーん。だから、最初は、「謀略の可能性もある」と、ちょっと疑った面も、あることはあるんだがなあ。
「過去の経緯から見て、うちに頼《たよ》ってくるなんて、そんなことがありえるかなあ」という疑問は、やっぱりないわけではなかったんだ。

[注1]　一九九一年、講談社の週刊誌「フライデー」等が、幸福の科学に対する悪辣《あくらつ》な捏造《ねつぞう》・誹謗中傷記事を多数掲載《けいさい》し、数多くの人々の信仰心《しんこうしん》を踏《ふ》みにじる事件を起こした。これに対し、幸福の科学会員が立ち上がり、デモなどの抗議《こうぎ》活動を展開した。

7　イエスの時代にも生まれていた「週刊新潮」の悪魔

マスコミの基本教義は「疑い」

司会　もし、それが謀略《ぼうりゃく》ではなかったとしても、裏切りのユダの意見を聴《き》いた周りの人間は、結局、キリスト教の歴史において、後世、悪人として語られましたから、あなたもその一人になる可能性はありますよ。

新潮の悪魔　いや、キリスト教の歴史なんか、私らには、関係はないけどさ。

司会　そうは言っても、われわれは宗教ですからね。

あなたは、もしかしたら、「その当時、生まれていた」とか、そういうことはないですか。

新潮の悪魔　君ねえ、それは週刊誌の〝神様〟に対して、いや、週刊誌というか、出版系の、ジャーナリズムの〝神様〟に対して、言うようなことじゃないだろうが!

司会　当時、取り巻きにいたのは週刊誌のようなものですから。

新潮の悪魔　まあ、それは、そちらの決めつけであって、当時、週刊誌があったわけじゃないから、私が、別に、何か記事を書いたわけじゃない。

司会　しかし、あなたにとって、宗教は悪でしょう?

新潮の悪魔　まあ、悪っていうか……。いや、悪にしたほうが、まあ、儲《もう》かるわな。

司会　儲かる?　では、宗教は全部悪ですか。

新潮の悪魔　いや、まあ、戦後日本で、宗教が貶《おとし》められたのは事実だけど、少なくとも、戦後っていうのはだなあ、戦前の国家神道《しんとう》、天皇制国家神道のウルトラ国粋《こくすい》主義によって国民が悲惨《ひさん》な目に遭《あ》ったということの反省からスタートしたわけであるからして、二度とそういうことがないように、宗教を監視《かんし》しなきゃいけない。

これは、マスコミの〝神聖なる義務〟なんだ。

司会　あなた自身は、信仰心《しんこうしん》や宗教は、「善か悪か」、どちらだと思っていますか。

新潮の悪魔　まあ、「善か悪か」って、「マークシートみたいに、どっちかで答えろ」って言うんだったら、それは悪だよ。

司会　なぜですか。

綾織　あなた自身が、「宗教を憎《にく》い」と思うようになったスタート点には、何かあるのですか。

新潮の悪魔　憎いよ、そんなもの。今だっていじめられてるから。

司会・里村　なぜですか。

新潮の悪魔　今だって、何だか、いじめられてる。こんなにいい仕事をしているのに、何でこんな扱《あつか》いをされるのか、分かんない。

里村　いやいや、私たちは、今、いじめているのではなくて、話を聴いているんです。

新潮の悪魔　ああ、そうかあ。

里村　ええ。

司会　そもそも、あなたが、「宗教を悪だ」と言って、いじめているのではないですか。

新潮の悪魔　うーん。だいたいねえ、マスコミの基本教義は「疑い」でしょう？　宗教の基本教義は「信仰」「信じる」ということでしょう？

だけど、世の中を見たらねえ、たまには、善人がいるけど、ほとんどですねえ、「何とか、うまいこと騙《だま》して儲けてやろう」っていう人間ばっかりだからね。

だから、この悪を暴《あば》いていくことは、やっぱり〝正義〟だと思うんだよね。

そうすると、宗教の、「ただ信じなさい。もう、百パーセント信じなさい」って言うのと、「いや、一パーセントでも疑いがあるかぎり、その皮を剝《は》がしていかないといけない。信じちゃいけない」と言うのと、どっちが真理か……。

〝神〟は転生輪廻《てんしょうりんね》を語らない？

綾織　あなた自身は、過去の転生《てんしょう》のなかで、そういう仕事をされてきた方なのでしょうか。

新潮の悪魔　うん。君ね、ジャーナリストは、そんな質問をしちゃいけないんだよ。そういう宗教的な質問は、あんまりジャーナリスト的じゃない。

綾織　いえいえ。ぜひ、あなた自身のことを教えてほしいのです。

新潮の悪魔　私？　え？

司会　神だったら、そのくらい分かります。

新潮の悪魔　神？　いや、〝神〟はねえ、そんな転生輪廻《りんね》は語らないんだよ。

司会　いや、神は語ります。神は、それが分かるのです。

新潮の悪魔　〝神〟は、語らない。

司会　いや、そのぐらい分かるんですよ。知らないのであれば、神ではないのです。

新潮の悪魔　うーん。いや、君ねえ、一見《いちげん》さんに私《わたくし》が取り調べを受けて、完落《かんお》ちすると思ってるようだけど、それでマスコミ業界のドンを張れると思ってるわけ？

里村　いや、でも、めったにお話を聴けない方なので、一回限りですから、ぜひ、聴かせていただきたいと思います。

新潮の悪魔　ああ。まあ、講義はしてやるけど、君らごときにねえ、そんな簡単に完落ちさせられるほど、甘《あま》くはないいんだよ。

里村　今をおいて機会はございませんので、ぜひ、そのあたりを語っていただきたいのですが。

司会　やはり、あなた自身にも歴史があるのですよ。

新潮の悪魔　いや、君ね、マスコミの〝神〟がだねえ、そんな転生輪廻だの何だのって、そんなことを言ったら、何か、幸福の科学のシンパで、応援《おうえん》してるように見えるじゃないか！

司会　いや、そうなりますと、マスコミなんて、最近できた、本当に歴史の浅いものになってしまいますよ。

新潮の悪魔　な、何がだ？

司会　あなたに転生がなければ。

新潮の悪魔　転生がなければ？　まあ、神なら、この世に生まれない神だって、いるんじゃないか。

司会　ただ、生前のあなたが、今のマスコミの、週刊誌のカルチャーをつくったというだけであれば、ものすごく薄《うす》っぺらい歴史しかないではないですか。

あなたが転生していれば、マスコミにも、もっと長い歴史があったということになります。

綾織　おそらく、あなたは、過去の歴史のなかでも、大きな仕事をやってこられたと思います。

新潮の悪魔　でも、君らが引き出したいのは、あれだろ？　誰《だれ》か偉《えら》い人をはめて殺したような人を引っ張り出したいんだろう？

里村　いやいや、偉かろうが偉くなかろうが、何でもいいのです。

新潮の悪魔　ん？

司会　偉くなくても、偉くてもいいんです。

新潮の悪魔　それは、私自身の評価を下げることに、必ずつながるわな。

里村　いやいや、そういうことではないです。

新潮の悪魔　それに引っ掛《か》かるほどねえ、マスコミ人って甘くないんだよ、君！

里村　いや、それほど影響力《えいきょうりょく》があった人ということですから。

ユダに銀貨三十枚を渡《わた》したのは「私」

司会　それは、今世《こんぜ》も同じです。あなたは、今世、この救世主に、何か悪いことをしたら、同じことになりますよ。

新潮の悪魔　うーん。まあ、救世主かどうかっていうのは、やっぱり、それを証明しなきゃいけない。それは、大川隆法の責任だよな。

司会　あなたは、どのようにして判断しますか。

新潮の悪魔　イエスは、この世的には犯罪人として、要するに、現在で言えば、最高裁判所の判決を受けて、死刑《しけい》になっても甦《よみがえ》り、ああやって世界宗教になったんだろう？

もし、救世主に、おんなじことが起きるんだったらだよ、例えば、麻原彰晃《あさはらしょうこう》が死刑になってもだね、もし、彼がキリストだったら、また、それは、世界宗教になって立ち上がってくる。

やっぱり、そういうふうな試練を通さないと、救世主かどうかっていうのは分からないんだよ、君。

綾織　あなたは、イエス様の時代に、判決を下した方ですか。

新潮の悪魔　いや、君ねえ、私は、そんな……。

司会　当時、そんなに偉くはないですね。

新潮の悪魔　そんな、私はね、そんな……。あの、君ねえ、いや、ユダに金を渡《わた》したよ。うん。それはそうだよ。

里村　あっ！　ユダに金を渡した？

新潮の悪魔　ああ、渡したよ。そういうことはあったわな。まあ、あったかもしれない。

里村　ということは、やはり、サドカイ派の方ですか。

新潮の悪魔　銀貨三十枚を彼に渡したのは、私だよ。

司会　ああ、やはり、歴史的な人だったんですね。

里村　カヤパ［注2］なんですか。

新潮の悪魔　カヤパ？　うーん、いやあ、そうではなくて、金を渡す人だよ。

里村　カヤパと一緒《いっしょ》に、ラビが何人か並んでいましたよね。

新潮の悪魔　うん。まあ、だから、旧宗教というか伝統的価値を守る側にいた者ではあったよ！

［注2］ユダヤの大祭司（サドカイ派）。聖書によると、イエスの裁判は、大祭司カヤパの屋敷《やしき》の庭で行われたとされている。

イエスのときも「カネと女と権力」で引っ掛《か》けようとした

司会　あなたは、そのとき、イエス様のどこが間違《まちが》っていると思いましたか。

新潮の悪魔　彼が活動したのは三年ぐらいだろう？

急速に、何千人もの群集が彼につき従い始めたから、やっぱり、こういうのは、旧宗教というか伝統宗教であるユダヤ教としては脅威《きょうい》じゃないか。ローマ軍よりも、こちらのほうが怖《こわ》いわなあ。

ローマ軍は、いちおう、ユダヤ人を、保護・監察《かんさつ》状態に置いてたけども、戦争して勝てる相手ではないのでね。

でも、ユダヤのなかでの宗教的な争いで、そんな人気のあるのが急に出てきたら、伝統的ユダヤ教のほうが、非常に、危機にさらされるじゃないか。

私たちは、基本的に、雑誌としても、保守系統の雑誌であるからして……。

司会　保守雑誌ですね。

新潮の悪魔　ええ。だから、私は、そういう、ちゃんとした体制を守るということに価値を感じてるわけであるので、急速に出てきたものが、何千人もの人を集めたりするのを見てたらだね、やっぱり、「イエスに弱点はないか」と、チェックするじゃないか。

そしたら、女のところに弱点が一つある。それから、戒律《かいりつ》を破った部分がかなりあるところも見えたし、扇動罪《せんどうざい》のような面もちょっとあったし、古来からのユダヤの神を冒瀆《ぼうとく》したと取れる言葉も、かなりあったしなあ。

まあ、シーザーのほうというか、ローマのほうに、もうちょっとやらそうとして失敗はしたけどねえ。つまり、税金のところを引っ掛《か》けに入ったんだが、「シーザーのものはシーザーへ。神のものは神へ」と言って、イエスがうまいこと逃《に》げたんでなあ。

司会　その言葉も、あなたが言わせたのですか。

新潮の悪魔　うーん。何で、私がそんなことを言わなきゃいけないんだよ！

司会　実は、あなたは、インドで、「私も、きょう子氏と似たような者ですよ」とおっしゃったんですよね。

新潮の悪魔　うっ！　あんた、テープレコーダーか。

司会　はい。テープレコーダーです。

新潮の悪魔　人間テープレコーダーか。そうかい。ふーん。

里村　ちゃんと、何度か、ヒントをおっしゃっているんですね。

新潮の悪魔　カーッ。そんなこと、私が言ったって？

司会　言ったのです。

新潮の悪魔　（舌打ち）うーん。

里村　そうすると、当時も、今と同じような価値観をお持ちだったんですね。

新潮の悪魔　まあ、そうだ。先ほど言った「カネ、女、権力」だけど、カネのなかには、一つ、「税金」ってのがあるわけよ。

税金のところを攻《せ》めたら、今は、だいたい、権力者を落とせるからね。つまり脱税《だつぜい》だね。脱税で攻めれば、だいたい政治家は、全部、落とせるでしょう？

総理大臣から下《した》っ端《ぱ》まで落とせるし、それから、企業家《きぎょうか》だって脱税のところを攻めたら、どれほど高名な人だって、だいたいやられますから。

だから、税金、脱税のところを攻めれば、まあ、どんな小さな針の穴でもいいからつつけば、落とせるわなあ。いい武器だよ。

イエスも、ちょっと、それで引っ掛けようとしたんだけどな。このカネのところは上手に逃げられた。

ただ、ユダのところに隙《すき》があったわな。ユダは金銭欲がすごく強いからな。まあ、「これは、カネで買える男だ」と思ったのでね。それは、ちょっとあったわな。

イエスを磔《はりつけ》にするために大衆を扇動《せんどう》した

里村　ユダの告発をもってしても、当時のローマ総督《そうとく》のピラトは、イエスの罪を「ギルティー（有罪）」とは決して思わなかったのですが、あなたは、「イエスを磔《はりつけ》にしろ！」と言って、大衆を扇動《せんどう》しましたね。

新潮の悪魔　それは、私一人じゃなくてだねえ、現在の新潮の社員、いやいやいやいや、あのー、まあ、そういう、いわゆる……、いやいや、その、何て言うか……。

司会　お仲間ですね。

新潮の悪魔　まあ、そういうジャーナリスト的な関心を持ってるような人だって、当時はいただろうよ。

司会　「そういう人が新潮には多い」ということですね。

新潮の悪魔　ほかにも、いたんだろうと思うよ。まあ、そういう人はいただろうからね。

司会　不思議ですねえ。新潮の方は、やはり一緒に生まれ変わっているんですね。

新潮の悪魔　いや、だから、私たちの守る価値は「伝統的な保守」なのでございまして、既成《きせい》権力について、悪くは言わないんですよ。

司会　では、救世主などが生まれ変わるときには、常にあなたがたが出てくるんですか。

新潮の悪魔　いや、いちおうだねえ、それは、まあ、いいものも、なかにはあるよ。ベンチャー企業だって、大化けして、大企業になるものもあるけれども、たいていの場合、百に九十九は途中《とちゅう》で潰《つぶ》れるじゃないか。

そんな怪《あや》しいものに引っ掛かってだねえ、いろいろと株を買ったり、投資したりして、失敗する人が跡《あと》を絶たないじゃない。

だから、そういうときには、やっぱり、ベンチャー企業を起こす人の資質や私生活、いろんなものの乱れをよく見てだね、だいたいはカネと女と権力欲だけども、「こういうところに悪いものがあるぞ」というのを、みんなに公開して、「それでも、そこに投資するのか。君、大丈夫《だいじょうぶ》か」と言うのは、善意じゃないか。

里村　それは、大川総裁も、幸福の科学も認めているんです。「マスコミにも、ある意味で、存在意義がある」ということですよね。

新潮の悪魔　うーん。

里村　ただ、そこに、フェアネス（公正・公平さ）がないのです。確かに、疑いを持つことも大事ですが、一方で、「よいものはよい」と言うところがないですよね。

司会　そうですね。

新潮の悪魔　うーん。

8 詭弁《きべん》を弄《ろう》し、死後の状況《じょうきょう》をごまかす悪魔

「イエスを十字架《じゅうじか》に架けたのでユダヤ教が遺《のこ》った」のか

司会　イエス様が復活されたあと、あなたはどうなりましたか。

新潮の悪魔　いやあ、とにかくだね、ユダヤ教は今だってあるわけですから、それは私たちの力によって遺《のこ》ってるわけです。

司会　イエス様が復活されたあと、あなたには、何か反作用がなかったですか。

新潮の悪魔　いや、イエスを十字架《じゅうじか》に架けたので、いまだにユダヤ教が遺ってるわけであって、イエスを救世主として認めてたら、ユダヤ教自体はなくなってますよ。

司会　あなたは、イエス様が復活されたあとも健在だったのですか。

新潮の悪魔　もう、あの勢いだったら、折伏《しゃくぶく》されて、全部、新教、つまり、キリスト教になって、ユダヤ教自体はなくなってるけど、いまだにユダヤ教はあるわけだから、イエスを信じなかった人が、全員悪魔だったわけじゃない。

いまだに、ユダヤ教をちゃんと信じている人は、イエスを救世主とは認めてないわけだからね。

司会　では、あのあと、あなたは天上界《てんじょうかい》に還《かえ》られたのですか。

新潮の悪魔　ん？　たぶん、保守の人はいまだに認めてないんだよ。

里村　いや、しかし、歴史的に見ますと、ユダヤ人は、そのあと、マサダの砦《とりで》が陥落《かんらく》し、国が滅《ほろ》びましたが、何とか頑張《がんば》って生き残った方たちが、ユダヤの宗教を遺したのです。決して、あなたの功績ではないですよ。

新潮の悪魔　だから、私が、イエスを、早く、十字架に送ってやったために、助かったとこがあるんじゃないか。

里村　まあ、『新約聖書』の物語性が非常に高まったというところはあるかと思いますが。

新潮の悪魔　うーん、だから、君ねえ、イエスを放置してたら、あれも人間だから、六十歳《さい》や七十歳まで生きるだろうからさあ。もし、例えば、三年の活動じゃなくて、三十年も四十年もやられてごらんよ。どこまで勢力拡張したか、分かんないじゃないですか。

神が謙虚《けんきょ》に「悪魔」と名乗ることがある？

司会　あなたは、今、もう亡くなられているからいいかもしれませんが、新潮の社員たちは、これから、イエス様の時代のあなたと同じような目に遭《あ》うかもしれませんよ。

新潮の悪魔　いや、それは、君ねえ、いったん週刊誌の記者になった以上、やっぱり、日の丸を付けた特攻隊《とっこうたい》とおんなじ覚悟《かくご》があると思うよ。週刊誌の記者になってねえ、「天国に還れる」なんて思ってる人間がいちゃいけないんだよ。

司会　では、あなたは天国には還っていないのですね。
里村　あなたは、今、どちらの世界にいるのですか。
新潮の悪魔　え？　まあ、私は……。
司会　「悪魔」と言うぐらいだから、天上界に還っているわけがないですよね。
新潮の悪魔　え？
司会　「悪魔」と名乗りながら、天上界にいる人なんておかしいですよね。
新潮の悪魔　いや、それは、神が謙虚《けんきょ》に、「悪魔」と言う場合はありえるわなあ。
司会　そんなことはないですよ！
新潮の悪魔　いやいや、だって、君、インドで私を発見したんだろ？　インドでは神も悪魔も一緒《いっしょ》じゃないか。
司会　いや、しかし、「悪魔」と名乗っている神はいないです。

新潮の悪魔　インドでは、悪魔だって神として祀《まつ》ってるじゃないか。要するに、インドは、神であっても悪魔であっても、人間の力を超《こ》えた超《ちょう》自然的なものについては、もう、「神」と認定してるだろう。

司会　それは、間違《まちが》える可能性はあるかもしれませんけれども……。

里村　悪魔が「神」を名乗ることはあっても、神が「悪魔」を名乗ることはありません。

新潮の悪魔　君ねえ、何言ってんの。麻原彰晃《あさはらしょうこう》が祀ってた神は、いったい何だ？　言ってごらん。はい、マスコミ人なら言ってみろよ。

里村　シヴァ神でございますね。

新潮の悪魔　シヴァ神だろう。シヴァ神は何をする神なの？　言ってみろ。

里村　「破壊《はかい》の神」と言われています。

新潮の悪魔　そうだろう。それは、あなたがたの判断によれば、ほんとに神かい？

司会　悪魔ではないですよ、あの方は。

里村　破壊には「創造のための破壊」もありますから。

新潮の悪魔　そうでしょう。私たちも破壊してるけど……。

里村　それは、「破壊のための破壊」ですよ。

新潮の悪魔　私たちは、破壊してますよ。私たちは、怪《あや》しげなものを破壊してますけど、このなかには、創造の……。

司会　シヴァ神も「神」と名乗っていますから、悪魔ではないですよ。あなただけが、「悪魔」と名乗っているのです。

新潮の悪魔　いや、だから、「悪魔」という名の神もいるんだよ。

都合の悪い質問には、まともに答えない

里村　では、周囲にいる方で、あなたが付き合っていらっしゃるのは、どういう方ですか。

新潮の悪魔　君、それはいけないよ。そういう追及《ついきゅう》の仕方は、よろしくない。

里村　いや、私たちがマスコミの方から質問を受けて、「その質問はいけない」とは言えないのですよ。

新潮の悪魔　そうかなあ。

里村　はい。そういう答えは返せないです。ぜひ、お答えください。

司会　そうですよ！　これは、あなたたちマスコミがつくったルールです。

新潮の悪魔　ほかの人に累《るい》が及《およ》ぶじゃないか。

里村　累が及ぶような方たちがいるのですか。

新潮の悪魔　いや、私の口が軽いために、ほかの人が、また、こんな場で、あなたが尋問《じんもん》を受けたりして、〝臭《くさ》い飯《めし》を食わされる〟っていうようなことになったら、かわいそうじゃないか。

里村　いえいえ。口が軽いのとは違います。能弁《のうべん》でいらっしゃるんです。

司会　そうです。あなたは言論能力が高いのです。

里村　ですから、もう、「ほかの方に累が及ぶ」などと考えないでください。あなたは、いったい、どういう方たちと付き合っておられますか。

新潮の悪魔　確かに、マスコミには、付き合ってる人がたくさんいることはいるわな。そりゃあ、マスコミには、たくさんいるけど、まあ、それを言っちゃあ、やっぱり、失礼だろうし、名誉毀損《めいよきそん》だろうが。

司会　羽の生えた人が、たまに、上から攻《せ》めてきたりはしませんか。

新潮の悪魔　え？　羽の生えた人？　羽の生えた人が、何で来るわけ？

里村　白い羽ですよ。

新潮の悪魔　いや、ペン、ペン。「羽ペンで字を書いてた」とかでいいのか？

司会　何か、上から攻めてはこられないですか。

新潮の悪魔　攻めてくるって、私、今、仕事が忙《いそが》しいから、そんなのを相手にしてる暇《ひま》はないでしょう？

9　新潮社に居座る悪魔と「現社長」との関係

社の方針が変わらないよう、すべてを統括《とうかつ》している

里村　それでは、地上のほうによくいらっしゃっているんですね。

新潮の悪魔　ええ。私の〝神殿《しんでん》〟は、新潮社ですから。

里村　ああ！

司会　今、まだいらっしゃる？

新潮の悪魔　うん。当然、まだそこにいますよ。

司会　誰《だれ》に、いちばん、インスピレーションを送っているんですか。

新潮の悪魔　君、それは言っちゃいけないんじゃない？

司会　でも、それは、あなたの仕事ではないですか。

新潮の悪魔　いや、基本的には、やっぱり、すべてを統括《とうかつ》してますよ。

司会　うーん。

新潮の悪魔　社の方針が変わらないようにね。

今の社長や編集長は、イエスを処刑《しょけい》へと誘導《ゆうどう》した「私の手下」

綾織　ちょっと教えていただきたいのですが、今の社長と、「週刊新潮」の編集長も、イエス様の時代にいらっしゃったのですか。

新潮の悪魔　いや、知りません。

司会　それは、当然いたでしょうね。

新潮の悪魔　そんなことは知りません。私は知りません。

司会　その場にいなかったら、それは、あなたのお仲間ではないですよ。

里村　今の返答の早さから推察すると、「いたのではないか」と思えるんですよ。

新潮の悪魔　いや、知りません、知りません、知りません（会場笑）。そんな二千年も前のことを知ってるわけないじゃないか。

司会　しかし、先ほどは知っていたではないですか。

新潮の悪魔　君ねえ、この世では、二十年前の友人だって忘れちゃうよな。

里村　いや、だから、忘れてるわりには、今、「知りません」と答えるのがすごく早かったですね。

司会　（笑）

新潮の悪魔　君ねえ、二千年前なんて、そんな、幻《まぼろし》のような昔の話なんか、分かるわけないだろう？　日本人がどんぐりを潰《つぶ》して食ってた時代だからね。

司会　でも、かばったところで、あなたは、自分のことがいちばん大切なのではないですか。

新潮の悪魔　うーん。まあ、彼らは、私の手下だよ。うん。まあ、手下だよ。

司会　そうですよね。

新潮の悪魔　うん。じゃあ、もう、ちょっとぐらいはサービスしてやらあ。

イエスを十字架《じゅうじか》に架けるときにさあ、「誰か一人だけは許してやる」という話があっただろう。

それで、民衆は、当然、「イエスを釈放《しゃくほう》しろ」と言うはずだったのに、なぜか、強《ごう》盗《とう》殺人だか何だか、本当の自然犯をやった罪人のバラバのほうを、「釈放しろ」と言い、イエスのほうを、「処刑しろ！　殺せ！」って言った。

まあ、そのとき、カネを撒《ま》いて買収し、それをやらせた連中はいるよ。

里村・綾織　うーん。

司会　それが新潮？

新潮の悪魔　それは、新潮だけじゃないよ、君。新潮にすべての罪をなすりつけるっていうのは卑怯《ひきょう》だろう。

里村　しかし、あなたの近くにいた人は、現社長、あるいは酒井《さかい》編集長ですか。

新潮の悪魔　まあ、それはいたわな。それは当然いただろうな。私たちは、もう、ほんとに、縁生《えんしょう》の魂《たましい》の友達だよ。

佐藤《さとう》一族とは、いつも一緒《いっしょ》に生まれ変わっている？

司会　では、佐藤《さとう》一族とあなたは、どんな関係なのですか。

新潮の悪魔　え？　（息を吐《は》く）
何が聴《き》きたいわけ？

司会　だから、縁生でどういう関係なんですか。

新潮の悪魔　どういう関係って、別に、何にも関係ないですよ。

司会　やはり、いつも一緒《いっしょ》に出ていらっしゃるんですか。

新潮の悪魔　え？　え？　まあ、いつも……（苦笑）。

何だか、君らは、ちょっと、言い方がいやらしくない？

司会　いやいや、マスコミ的です。

綾織　歴代社長のなかで、今、いちばん付き合いをされている方はどなたですか。

新潮の悪魔　いや、そんなことに答える義務はないね。

里村　今、四代目の社長でいらっしゃいますけれども……。

新潮の悪魔　ああ、そう。

里村　初代の、佐藤義亮《よしすけ》さん。

新潮の悪魔　ああ。

里村　また、〝中興の祖〟とも言われている、三代目の亮一《りょういち》さん。

新潮の悪魔　ふーん。

里村　今の隆信《たかのぶ》さん。

新潮の悪魔　よく勉強してくれてるけど、何か、おたくの雑誌で、うちの社史《しゃし》をほめ上げてくれるわけ?

綾織　ぜひ、頑張《がんば》らせていただきます。

新潮の悪魔　え?　不買運動じゃなくて、「みんなで好意的に『週刊新潮』を買って、経営を支えよう」っていう購買《こうばい》運動を起こしてくれるわけ?

司会　いやいや。

里村　いや、お話をされている表情から推察すると、やはり、佐藤家と非常につながりが深い感じがしますけれども。

悪魔の正体は、やはり「齋藤十一《さいとうじゅういち》」なのか

司会　まあ、齋藤十一《さいとうじゅういち》さんが、あなたかどうかは分かりませんが、やはり新潮のなかでいちばんキーマンだったんでしょうねえ。

新潮の悪魔　（約五秒間の沈黙《ちんもく》）私はねえ、そんな一日ぐらいで完落《かんお》ちしないんだって。

里村　いえ、別に落とすつもりではございません。

司会　あなたが齋藤十一さんかどうかは別として、「やはり、齋藤十一さんはキーマンだったかどうか」ということだけを訊《き》きたいのです。

新潮の悪魔　いやあ、知りませんねえ。それは、人の評価ですから。

司会　なぜ、あなたは知らないのですか。では、あなたは新潮にいなかったのですね？

新潮の悪魔　いや、いたよ。

いや、いや、もう（苦笑）。いや、それは、君ねえ、キーマンなんて、そんなのは

ねえ、「自分」で名乗るようなことじゃあないだろうが。
司会　ああ、では、やはり「自分」なんですね。
新潮の悪魔　え？　え？
司会　やはり、「自分」なんですね。ああ、分かりました。
新潮の悪魔　いや、いや、そうじゃなくて、そんなことは人が言うことなんであって、「自分」では分からないだろう？

スキャンダルは「ゴミ一掃《いっそう》運動」？

司会　やはり、あなたは俗物《ぞくぶつ》主義ですか。
新潮の悪魔　君ね、「俗物」っていう言い方は、「週刊新潮」が出す見出しだよ。何言ってるんだ。
司会　だけど、あなたがそれを考えたんでしょう？

新潮の悪魔　いや、あんたが言っちゃいけない。「○○が俗物」っていうのは、「週刊新潮」の見出しじゃないか。え？

司会　やはり、この世的なスキャンダルにすべてを持っていきたいんでしょう？　あなたたちの〝正義〟はそれですよね。

新潮の悪魔　君ね、スキャンダルっていうのは、インドで言やあ、「ゴミ一掃《いっそう》運動」みたいなものなんだよ。私らは清掃車《せいそうしゃ》なんだから。君、東京都に、清掃局がなかったら、やっぱり東京都が汚《きたな》くなるだろうが。

司会　なるほど。それがあなたたちの〝正義〟なんですね。

新潮の悪魔　うん、そう、まあ、正義……。

司会　あなたたちの〝正義〟。

新潮の悪魔　いや、君ねえ、今、お掃除《そうじ》って流行《はや》ってるんだよ。お掃除、お片付けで、要するに、無駄《むだ》なものを捨てるというのは大事なことだ。イノベーションの条件だよ、君。

里村　ただ、あなたたちの言論が、新しいゴミになっているということもあるんですよね。

新潮の悪魔　いや、そういう、邪魔《じゃま》してるものを捨て去っていくのが、イノベーションなんだよ。

10　明かされた「大川きょう子問題」の総指揮者

佐藤《さとう》一族と大川きょう子との霊的《れいてき》なつながり

里村　先ほどの佐藤《さとう》一族とのつながりのところで、もう一つ、佐藤家のルーツに関してお聴《き》かせください。

今回、きょう子氏の問題で、最初は、「週刊文春」のほうが、彼女の話をよく聴いていたのですが、途中《とちゅう》から少し逃《に》げ始めました。

一方、「週刊新潮」さんとは、すごくピタッとつながっていますね。

新潮の悪魔　「文春」はねえ、だから、「ちょっと失敗した」と思ってるんだよ。「文春」は担当が食い付いたけど、本来の「文春」の判断から見ればですね、「文春」が食い付くには、ちょっとやばいというか、危ない案件だった。しかし、やっぱり、さっき言った誘惑《ゆうわく》に駆《か》られたわけだ。

つまり、まだ離婚《りこん》が成立してない段階の現役《げんえき》の総裁夫人が、夫である総裁を告発するなんて、これを記事にしないで逃《のが》すってのは、マスコミ人としては、もう自殺したくなるぐらいの罪に当たるよね。

司会　そうでしょうね。

里村　「新潮」さんときょう子氏とのつながりが、あとで非常に強くなったのを見て、気になることがございます。

社長家の佐藤一族のルーツを遡《さかのぼ》ると、秋田県の角館《かくのだて》でいらっしゃるんですね。そして、初代社長の佐藤義亮《よしすけ》さんのお父様は、熱心な仏教信者だったと聞いています。もしかして、きょう子氏が、過去世《かこぜ》において、秋田で修験道《しゅげんどう》の教祖をやっていたということと、何かつながりがあるのではないでしょうか。

新潮の悪魔　つながりがあったら、最初から、幸福の科学をそんなに批判なんかしないで応援《おうえん》しただろうよ。だから、君の論法は当たってない。

里村　ですから、最初、「宣伝」したのでしょう？

新潮の悪魔　君の論法は当たってないよ。宣伝したんじゃなくて、ちゃんと批判をしたじゃないか。

司会　そうは言っても、ユダの時代もそうだったではないですか。

新潮の悪魔　え？　え？

司会　ユダの時代も、ユダが裏切る前から、あなたがたは攻撃《こうげき》していたわけですから。まったく同じことです。

新潮の悪魔　うーん、まあ、ちょっと、それは、まあ、うーん……。（舌打ち）何だかよく調べてんなあ。君ら、朝言われて、そんなにすぐ調べられるのか。

里村　いえ、純粋に、週刊誌的好奇心《こうきしん》から訊《き》いていますので教えてください。

新潮の悪魔　うーん……。

里村　きょう子氏と佐藤家のルーツが、そういうかたちで、秋田のほうでつながっているのです。

新潮の悪魔　それは、君、いくら何でも、ちょっと、度が過ぎた質問じゃないか。

いや、たとえ、今、転落して、幸福の科学から外れようとしているのかもしれないが、少なくともだよ、幸福の科学の後継者《こうけいしゃ》に当たるような人を、産んで育て、総裁夫人として二十年支えたような方に、そういう言い方をしちゃいけないんじゃないの？

もうちょっと尊敬の心を持たないといけないいな。

里村　いえ、以前は、もう十分、尊敬しておりました。

新潮の悪魔　以前？　以前って何だね、君。それじゃあ、君が「裏切りのユダ」じゃないか。

里村　いや、彼女のほうが、私の尊敬を裏切ったのです。

新潮の悪魔　え？　そんなことはない。弟子《でし》の分際で、それほどは言わないよ。

「週刊新潮」の悪魔と大川きょう子を仲介《ちゅうかい》する者とは

里村　まあ、私の尊敬はどうでもいいのですが、どうも、きょう子氏と「新潮」さんのつながり方は、はっきり言って、ほかのメディアが引くほど、密接なのです。やはり、それは、単に、「この世的なお金になる」からだけではなくて、霊的な結びつきがあったのではないかと思うのです。

一つは、「イエスの時代にあった」と、今、お聴《き》きしました。

新潮の悪魔　うーん、それはね、仲介《ちゅうかい》する者がいることはいるけどね。

里村　え？　仲介……ですか。

司会　誰《だれ》と誰をですか。

新潮の悪魔　うん、仲介をする者がね、いることはいる。

いや、私たちもこういう商売だからね。やっぱり、この悪の世界では、悪を知らないで、悪を暴《あば》くことはできないじゃないですか。
悪を裁くには、まず悪を知らなきゃいけないからね。悪を知るためには、まあ、麻《ま》薬捜査官《やくそうさかん》みたいなのが、自ら麻薬組織に身を投じてだね、いちおう仲間のふりをして、情報を取りに入るじゃないですか。それは、たとえ刑事《けいじ》の身分であってもだね、それを隠《かく》して入っていくじゃないですか。
そういうふうに、悪を暴くためには、やっぱり、悪を知らなきゃいけないので、そういう意味で、悪魔の業界にも、いちおう首は突《つ》っ込《こ》むわけよ。
だから、まあ、そういう意味での知り合いはそれはいるよ。だから、そういうものが、ちょっと仲を取り持つようなことは、そらあるよ。

里村　はあ。今回は、どういう方が仲を取り持ったのですか。

新潮の悪魔　まあ、それは、私の恩師だな。

里村　恩師?

新潮の悪魔　うーん。

里村　ジャーナリズムの恩師ですか。それとも悪魔の恩師のほうですか。

新潮の悪魔　悪魔のな。

里村　悪魔の恩師？　どなたでいらっしゃいますか。

新潮の悪魔　それは、もう頭のいい人だよ。

里村　ぜひ、その高名なる方の名前を。

司会　ルシフェルですね。

新潮の悪魔　まあ、そりゃ、もう、やっぱり、ジャーナリズムが尊敬してやまない方ですよ。ルシフェルさんです。あれは、もう尊敬してやまないですね。ええ。智天使《ちてんし》でしょう。それはもう、尊敬してやまない。「智でもって、悪を砕《くだ》く」っていうのは、非常に大事な仕事だね。

里村　なるほど。そうすると、今回、そのルシフェルが仲介を……。

新潮の悪魔　総指揮していますよね。戦いを挑《いど》んでますね。

司会　あなたは、そのなかで、どのぐらいのポジションにいるのですか。

新潮の悪魔　何回も攻撃はしていて、いろんなかたちでチームを組み替《か》えて戦ってるんじゃないですか。何度も何度も戦ってると思いますよ。

司会　けっこう重鎮《じゅうちん》ですね。

新潮の悪魔　弟子のほうにも入ったし、ほかの週刊誌をやったり、講談社だって入ったし、まあ、あっちもこっちもいっぱい入っていると思いますから、別にうちだけがそんなに言われる筋合いはないよ。

司会　ただ、あなたは旧知の仲ですね。

新潮の悪魔　はい、そうです。旧知の仲です。
　だから、まあ、羽の生えた人はいる。彼だって、ちゃんと羽が生えてるよ。黒い羽だけど、羽は生えてるよ。ちょっとコウモリに似てるから、バットマンかなあ。
バットマンって正義の味方だよね。

里村　そうですが……。

新潮の悪魔　バットマンみたいな姿はしてるけども、羽は生えている。空を飛べるんだ。

11　ソクラテスも死刑《しけい》にしていた「週刊新潮」の悪魔

ソクラテスの妻の告発を受け、アテナイ市民を扇動《せんどう》した

綾織　先ほど、縁生《えんしょう》の仲間という言葉もありましたが、イエス様以前の時代にも、同じような仕事をされていたのでしょうか。

例えば、ソクラテス様の時代にもいらっしゃいましたか。

新潮の悪魔　うーん、君はきわどいなあ。

司会　そのあたりも、マスコミ的な〝活躍《かつやく》〟ができる場面ではありますね。

新潮の悪魔　裁判はあったからねえ。まあ、ソクラテスにやり込《こ》められた言論人っていうのは、けっこういるんだよなあ。だから、彼は、基本的に、それで恨《うら》みを買ったんだよね。

　当時の知識人、言論人に議論を挑《いど》んでね、それで無知であることを暴《あば》いていっただろう？　あれは、やっぱり、最後は死刑《しけい》になるだけの原因を、自分で十分まいているよな。

　要するに、今で言えば、評論家や一流ジャーナリスト、大学教授みたいな人たちと対話をして、全部、議論を引っ繰《く》り返していき、「間違《まちが》いである」と証明していくんだろう？

　君ね、こんなことをして、生き残れるわけないよ。それは、最後は、やっぱり死刑になるよな。

里村　結局、ソクラテス様も、「既存《きそん》の権威《けんい》というものを壊《こわ》す」という、ある意味で、イエス様と同じような仕事をされていますね。

新潮の悪魔　保守として、より立派な方が、いっぱいいたわけなのに、それを、ソクラテスなる者が出てきて、引っ繰り返してきた。

　ソクラテスっていうのは指物師《さしものし》なんだよな。金《かね》の物差しで、「差し渡《わた》し、八十センチ」

とか、測っていたような指物師よ。本業はね。イエスは大工だけどさ。ま、似たようなもんじゃない?

何だか変だな。私は、何か、大工とか、指物師とか、そういうのが嫌《きら》いなのかもしれない。まあ、あれの本業は指物師なんだな。

その指物師をさぼってだねえ、放り出して、家族を養わないで、いろんな所へ行っては議論をふっかけるような、まあ、ぐうたら男だよ。だから、ほんと、本業に励《はげ》まない、実にだらしない男で、妻は告発してましたよ。

「もう、うちの亭主《ていしゅ》は、子供もいるのに、指物師の仕事もしないで、いろんな人の所へ行って、議論をふっかけている。それで、いつも結論が出るわけがないのに、何かもう混ぜっ返して……」

里村　そして、「若者を堕落《だらく》させている」と。

新潮の悪魔　そして、「相手の名誉《めいよ》を毀損《きそん》し、ガンガンに怒《おこ》らして、あとから、怒らした向こうの弟子《でし》たちが、うちに苦情を言ってくる」と。

あそこの妻が、そう告発しましたよ。
だから、やっぱり、これはいかんと思いましたよ。

綾織　あなたは、それを手助けした方ですか。

新潮の悪魔　ん？　だから、私は、妻の、あの、何《なに》は受けましたよ、ちゃんと。

里村　告発を受けたのですね。

新潮の悪魔　うん。受けましたよ。受けましたし、当然、救ってやらないかんと思ったし、そういうだらしない男によって、正義の人たち、正統派の知識人たちが、やり込められて黙《だま》ってるっていうのは、許してはならないことであってね。保守の立場からいって、やはり、ソクラテスは粉砕《ふんさい》しなけりゃいけないと思いましたよ。

司会　ただ、あの方は、「真実とは何か」ということを明らかにしただけであって……。

新潮の悪魔　別に真実は明らかになってないじゃない。

司会　いや、あなたの理解力がなかったのです。

新潮の悪魔　人の言論を崩《くず》していっただけでしょう?

司会　あなたは、その外面的なことしか分かっていません。

新潮の悪魔　それは、単なる破壊《はかい》じゃないか。

司会　いや、創造的破壊ですね。

里村　『ソクラテスの弁明』のなかで、アテナイ市民に、「ソクラテスは有罪である」ということを一生懸命《いっしょうけんめい》言って、アテナイ市民を扇動《せんどう》した立場でいらっしゃったのですね。

質問者を次の内部告発者に仕立てようとする

新潮の悪魔　うーん、君、意外に、物知りなんだな。いや、驚《おどろ》いたよ。

里村　いえいえ。

新潮の悪魔　新潮へ来るか（会場笑）。

里村　いえいえ。信仰上《しんこうじょう》、新潮には入れませんので。

新潮の悪魔　転職しないか。もう、そろそろクビになるだろう。

里村　いえいえ。

新潮の悪魔　うーん？　幸福の科学もそろそろ要《い》らないだろう。だから、君も寝返《ねがえ》ったらどうだ。大川きょう子に続いて。

里村　いえいえ。とんでもないです。

新潮の悪魔　里村は、元、何だ？　何とかっていうミニコミ雑誌があったな。何だっけ？　え？

里村　ミニコミではございません。

新潮の悪魔　じゃあ、中堅《ちゅうけん》雑誌の何だ？
綾織　「ザ・リバティ」です。
新潮の悪魔　あ、そうか。
里村　はい。
新潮の悪魔　「その元編集長が寝返って、『新潮』に垂《た》れ込んでくる」、ああ、これはいいな。
里村　いや、私のことなんか誰《だれ》も信じませんから、いいのですが。
新潮の悪魔　君はよくしゃべるから、何でもしゃべるんじゃないか。
里村　いえいえ。私がしゃべることは誰も信じませんので、結構です。
新潮の悪魔　来いよ、来いよ。
里村　いえいえ、とんでもないです。そちらにだけは行きませんので。

新潮の悪魔　今は、失業者がたくさん出てる時代だからさ、君なんか正式には、採用されないから、アルバイト社員だけども、一年更新《こうしん》の契約《けいやく》社員として入れてやるからさ。ちょっとは幸福の科学の内部告発してくれりゃあ、給料は、十分それでペイするから。

里村　いえいえ、私のことはどうでもよろしいのですが、そうすると、やはり……。

新潮の悪魔　私は、君の将来を案じてるの。それだけ優秀《ゆうしゅう》な才能を持って……。

里村　私の将来は結構でございます。大丈夫《だいじょうぶ》です。

新潮の悪魔　あるいは、新潮社を、立て直して中興の祖になるかだね。バブル出世して、編集長になって、社長になるかもしれないじゃないか。

里村　いえいえ、もう。

新潮の悪魔　君も来ないか。

里村　もう、〝身に余る昇格《しょうかく》〟ですから、結構です。

新潮の悪魔　大川きょう子は、もう言うことがなくなって困ってるんだから。次は、君が言ってくれれば……。

里村　言うことがなくなって困っているんですね。

新潮の悪魔　次は、君が内部告発してくれたらいい。いろんなことを知ってるだろう?

何が正しいかなど、「分かるわけがない」

里村　いえ、ちょっと待ってください。

整理させていただきたいのですが、そうすると、ソクラテスの時代に、アテナイの市民を扇動した。

さらに、イエスの時代、ローマですらイエスを有罪にするかどうか迷ったときに、ユダヤの人たちを扇動して「有罪だ」と言わせた。

そういう仕事を、やはりされていたわけですね。

新潮の悪魔　だからね、私は、いつも保守的な〝正義〟を守る立場にある〝正義の人〟なんだよ。

里村　「その保守なるものが、真なるかどうか。正しいかどうか」というのは、全然関係ないのですか。

新潮の悪魔　いや、君ね、「何が正しいか」なんて、分かるわけがないだろう。だから、今までみんなが認めているものを守ってやるということは、非常に大事なことじゃないですか。

司会　では、価値は相対的なものなのですね。

新潮の悪魔　「何が正しいか」なんて、そらあ分からないですけど、ある程度の期間、みんなが信用してきたものを守るということは、やっぱり、大勢の人の、まあ、ある意味での「この世的な信仰心」を守るのと変わらないじゃないですか。

司会　あなたは、キリスト教の価値というものを、今は、どう思っていますか。

新潮の悪魔　え？　キリスト教？

司会　はい。

新潮の悪魔　うーん。まあ、キリスト教の批判は、特にしていないとは思うんだけど。

司会　イエス様への批判は、キリスト教への批判ではないですか。

新潮の悪魔　ふーん、そうかな。

司会　はい。

新潮の悪魔　日本での勢力が小さいからね。キリスト教系の邪教《じゃきょう》批判なんかは、やっぱり、そらあ、ちゃんとやりたいですけど。

司会　要するに、「宗教も広まれば、それでいい」と。

新潮の悪魔　広まればいい？

司会　要するに、「既成《きせい》宗教というか、伝統宗教になればいい」と。

新潮の悪魔　まあ、それは、大勢の人が認めているんだから、それについては、まあ、あんまり、口を……。

司会　「正義は、そういう民主主義的なもののなかにある」と考えていらっしゃるということですか。

新潮の悪魔　だから、大勢の者がすでに認めてたら……。

司会　多数決ですね。

新潮の悪魔　幸福の科学だって、百年後に、まだ存在していて、多くの人たちが信じているなら、まあ、それは、ちゃんと守るよ。そらあ、「週刊新潮」が、もし存在すればの話ではあるけれどもね。

司会　では、あなたの正義は多数決にあるということですね。

新潮の悪魔　うーん、多数決……。

司会　多数が信じて、部数が売れれば、真実であるということですよね。

新潮の悪魔　私は、必ずしも、多数決で考えているわけではないんですけど、常にですね、〝権威〟があるものを、やっぱり信じると。

司会　あなたの言う〝権威〟というのは何ですか。

新潮の悪魔　と言うか、今まで、伝統的に、多くの人が認めてきたものは、やっぱり信じると。

新しいものが真実かどうかを試《ため》すために「弾《たま》を撃《う》つ」

司会　では、新しいものが出てくる余地はないですね。

新潮の悪魔　うん。いちおう、「新しいものにも、いいものはある」とは思うけれども、それは、試《ため》されなければならないと思う。

それを試すのは、マスコミ人としての義務であるからして、新しいものが真実であるかどうかを試すためにはですね、やっぱり、弾《たま》を撃《う》たなきゃいけないね。それで、あっさりと倒《たお》れてしまうようだったら、大したことないわけです。

司会　それでは、その内容の吟味《ぎんみ》はないですね。

新潮の悪魔　だから、あんなソクラテスなんてのは、最後に、毒ニンジンを飲んで死ぬなんて、醜態《しゅうたい》をさらしたじゃないですか。

　弟子たちが手配して、ちゃんと逃《に》げられるようにし、牢番《ろうばん》まで出てきて、「逃げなさい」って言ってるのに、何で逃げないのよ。あれは、おかしいよ。あいつは頭がおかしいよ。

里村　いや、それは違います。

新潮の悪魔　やっぱり、あれは間違った哲学《てつがく》だよ。

里村　いえいえ。死後の生命を信じていたソクラテスにとって、毒ニンジンで死ぬということは、別に醜態でも何でもなかったのです。むしろ、その姿のほうが、二千五百年たった今でも遺《のこ》っているのです。

新潮の悪魔　でも、この世的に見て、やっぱりおかしいよ。

里村　「週刊新潮」が二千五百年遺ることはありませんが、ソクラテスの死は、二千五百年遺っています。

新潮の悪魔　君ね、何で断定するんだ。二千五百年後、『聖書』として遺るかもしれないじゃないか。

里村　失礼しました。

もしかしたら、幸福の科学の経典のなかに、「かつて『週刊新潮』が起こした法難《ほうなん》」ということで、歴史に遺ることはあるかもしれませんけれども。

新潮の悪魔　うーん。まあ、それはあるか。

里村　ええ。

12 マスコミ報道の奥《おく》にある「疑い」と「嫉妬《しっと》」

週刊誌はあらゆるものを疑ってかかる「ソクラテスの立場」？

司会　少し話を変えますが、「霊言《れいげん》」ということについては、あなたはどう思いますか。

新潮の悪魔　君ね、基本的に、「霊言は信じちゃいけない」と言ったら、私は今、何をしゃべっているのか、ちょっと怪《あや》しいけど……。まあ、伝統的価値から見たら、やっぱり信じちゃいけないだろうね。

司会　だけど、あなたが、今、話しているのは、「霊言」ですよね。

新潮の悪魔　まあ、そうではあるけれども、伝統的価値から見て、そんなものをあっさり認めたら、マスコミ人としては失格だな。

司会　新潮の社員はみな信じてはいないですよね。

新潮の悪魔　社員はそういう教育を受けたことはないだろうからな。

司会　では、あなたの教えを受けた人は、あなたが今話している、この言葉を聴《き》くと、何となく、「似ている」と思うでしょうか。

新潮の悪魔　いやあ、それほどバカじゃないだろうから。

司会　それほどバカではない？

新潮の悪魔　やっぱり、疑ってかかるように教えてあるから、「いちおう疑う」と思うなあ。

司会　何か、あなたしか知らないことってありませんか。

新潮の悪魔　あるいは、「この里村というのが調べて、私が言ったように書いたかもしれない」と、こう疑うのが、まあ、だいたいマスコミというものだな。

里村　それはありえません。

新潮の悪魔　え？

里村　なぜかというと、あなたにインタビューをするのが決まったのは、もう、本当に、これが始まる直前のことですから。

新潮の悪魔　うーん。

里村　そんなことを調べる時間は全然ありません。

新潮の悪魔　いやあ、やっぱり、週刊誌っていうのは、あらゆるものを疑ってかかるから、現代的には、まさしくソクラテスの立場にあるわけです。

里村　ええ？

新潮の悪魔　現代的には、ソクラテスの立場にあるのが週刊誌で、あらゆるものに対して疑問を投げかけて、疑って、既成《きせい》の概念《がいねん》を覆《くつがえ》していく。これが大事なんだ。

里村　でも、疑いのなかには、「ないかもしれない」というものもありますが、「あるかもしれない」というものもありますよ。

新潮の悪魔　うんうん。まあ、それはあるけど、それを乗り切るのは相手の義務だわな。乗り切れなかったら、それまでよ。

司会　それは、あなたの知性の限界ですね。

新潮の悪魔　まあ、知性とか言われても、私たちには結論が分からないからな。

新潮が潰《つぶ》れるよりは、「白を黒にしたほうがよい」

司会　しかし、あなたのように、結論が分からないにもかかわらず、宗教を、ただ、「悪だ」と言って否定し、潰《つぶ》してしまった場合、イエス様のような悲劇が起きるわけです。

新潮の悪魔　君、いや、「悪だ」とは断定しないけども、いちおう、「悪ではないか」と……。

司会　あなたは、「悪だ」と言っていたんですよ。

新潮の悪魔　いや、やっぱり、「悪ではないか」ということを、いちおう前提としつつ、攻《せ》めていって、「黒」を「白だ」と、向こうが証明できたら、それは白だけども、なかなか……。

司会　あなたは、インドで、「宗教は悪だから、悪なるものを国営放送などで流してはいけない」と言ったんですよ。

新潮の悪魔　何だか、君は、テープレコーダーか。あんたは、何だね？

里村　〝インド人〟はよく覚えているんですよ。

新潮の悪魔　ああ、そうか。

司会　ええ。

新潮の悪魔　（司会を指差して）これは、インド人じゃない。日本人が、何を言ってるんだ。日本人は覚えてないんだ。

司会　いや、昔、インド人だったこともあるのです。
新潮の悪魔　まあ、昔、インド人か。そうかそうか。ふーん。
綾織　あなたは、今回、きょう子氏が訴《うった》えた件について、実は、「黒にできないのではないか」というように、だんだん思い始めていませんか。
新潮の悪魔　うーん、まあ、それは……。
綾織　黒にできますか。
新潮の悪魔　でもねえ、まあ、白かもしらんけれども……。
綾織　白ではないですか。
新潮の悪魔　でも、新潮が潰れるよりはいいじゃないか、白を黒にしたほうが。
里村　ただ、一昨年に、「朝日新聞阪神《はんしん》支局襲撃《しゅうげき》事件」で、まったくの誤報をやって、かなりぐらついているところに、今回、きょう子氏が訴えた件についても連続でやって、これが誤報となると、かなり危ないんじゃないですか。

新潮の悪魔　しかしだよ、創価学会とだね、もう十年は戦争をやったかな？　もっとかな？　ずっとやってびくともしない新潮社がだね、幸福の科学に一発で沈《しず》められるなんて、そんなことがあっていいわけがない。

里村　失礼ですけど、学会さんは言論戦ができませんでしたから。

新潮の悪魔　うん。でも、あそこも雑誌を出してるから……。

里村　あそこの雑誌の場合は、みな、外の人を引っ張ってきて、いろいろと言っているだけで、必ずしも正々堂々の言論戦ではございませんので。

幸福の科学に感じている〝同業者〟としての嫉妬《しっと》

新潮の悪魔　ふーん。まあ、それはね、ここ（幸福の科学）が違《ちが》うのは、ちょっとは感じているよ。

里村　はい。

新潮の悪魔　マスコミ的に見て、ここは、その、何ちゅうかねえ……。

だから、マスコミが宗教を嫉妬《しっと》するっていうのはあるかもしらんけど、要するに、同業的な意味で嫉妬するっていうことは、まあ普通《ふつう》はないんだよね。

つまり、「宗教が、権力を持ったり、カネや女やいろんなものを集められたりできる」というような、人間的な意味で嫉妬するってことはありえるんだけども、例えば、本だとか、ベストセラーだとか、まあ、そういう同業的なもので嫉妬をするっていうことは、基本的には、ないんだけどね。

里村　はい。

新潮の悪魔　今回は、ちょっと、何か、同業的なもので嫉妬する面を感じる。

里村　なるほど。

新潮の悪魔　講談社が幸福の科学を叩《たた》いたときも、同じだったんじゃないかな。

あそこも、あんな売れない本を年間千何百冊も出してだね、経営がけっこう大変なのに、幸福の科学と戦って赤字転落までしてしまったんでしょう？
それで、今、「新潮」「文春」と、われらがこう参戦したのに、講談社が参戦しないって、ほんとは、けしからん話だよね。
実は、嵩《かさ》にかかって戦うのが、週刊誌の本来のやり方なのに。

里村　いや、「けしからん」というわけではなくて……。

綾織　講談社は学習されたんですかね。

新潮の悪魔　いやいや、そんなことはないんだ。

綾織　「戦っても無駄《むだ》だ」と分かったわけですね。

新潮の悪魔　あれは、息子《むすこ》が七代目に決まったところだからね。また、幸福の科学にやられるのが嫌《いや》だったから、逃《に》げ延びようとして、回避《かいひ》したんだよ。

綾織　新潮社さんも、「今回、失敗した」というように、先々思われるでしょうし、今、少し、そのように思い始めていませんか。

新潮の悪魔　うーん。いやあ、講談社のほうは、幸福の科学が手強いのはよく知ってて、何かあれだろう？　「日刊ゲンダイ」のほうで、ちょっとご機嫌《きげん》取ってきてるんだろう？　だから、そりゃあ、ここを「スッポンみたいな団体だ」と思っているのは間違いないけども。

里村　いえいえ、スッポンではないです。彼らはだんだん学習してきているのです。もう二十年前に、大川隆法総裁は、「希望の革命」で、「日本のマスコミが見逃《みのが》していることがある。マスコミは、宗教が巨大《きょだい》なマスメディアであることを見落としている」と指摘《してき》されています（『ダイナマイト思考』〔大川隆法著、幸福の科学出版刊〕最終章参照）。

結局、それをきちんと認識していなかったから、今回のことが起きているのです。

「宗教家は、必ず騙《だま》しが入る」ので気に食わない

新潮の悪魔　まあ、この宗教にマスメディア性があること自体は認めるが、宗教であるということは、ちょっと気に食わないなあ。
　まあ、宗教家っていうのは、必ず騙《だま》しが入るから気に食わないけれども……。

司会　必ず、ですか。

新潮の悪魔　おお、まあ、言論人ないし作家的なものとして見た場合に、大川隆法っていうのは、確かに、日本では、今、ちょっと類《るい》を見ない存在であることは間違いない。それについては間違いない。
　池田大作《いけだだいさく》とかがゴーストライターで本を書いているのは知ってるし、捕《つか》まった福永法源《ふくながほうげん》とかも、ゴーストライターが本を書いていたけど、まあ、そんなものに比べれば全然違う。それに、麻原《あさはら》みたいなのが書いたものとの質的な違いは、もう歴然としているからね。だから、教養のレベルが違うのは分かっている。

ここが、ゴーストライターでやってないのは、本人が説法《せっぽう》したものが本になってるからね。これについては、全国の信者が証人だから、ちょっとマスコミもどうしようもないとこはある。

まあ、アメリカの大統領でも、スピーチライターが書いた原稿《げんこう》を読んでいるからね。しかし、ここにはスピーチライターがいないらしいっていうことについては、しょうがない。

裏切った人間でも、みんな、「それは本物です」「あの霊言は本当です」と言っている。

それは、きょう子氏だけじゃなく、昔、裏切った連中までが、みんな、「それについては本当です」と言って、さすがに、そこまでは否定してこない。「それは嘘《うそ》だ」と言った人は一人もいないので、これについては、ちょっと、ほかの宗教家と違うところがあるとは思っているよ。

そういう意味で、この人は、文筆業というか、作家としても成功したんじゃないかな？

そうは思うけど、宗教っていうのがあったがために、何か、ちょっと、うさん臭《くさ》さが残ってしまったんだな。

嫉妬《しっと》の背景にあるのは「マスコミ業界の不況《ふきょう》」

里村　成功しているから、やはり嚙《か》みついてきているんですよね。

新潮の悪魔　うーん、ただ、そういう意味で、ちょっと、普通の嫉妬《しっと》と違うものが入っているかな。

普通、政治家に嫉妬しても、政治家になりたいわけではないけども、こちらは、何か、出版業界というかマスコミ業界として嫉妬する面はあったわね。

だから、講談社さんも、戦ったあとに、「あんなことをするより、大川隆法の本を出しておいたほうがよかったんじゃないか。出しておけば、儲《もう》かったし、戦わないで済んだのに」っていうようなことを、だいぶ周りから言われて、「それもそうだったなあ」と言っていたようではあるけどね。

里村　業界の内部には、そういう声もありましたね。

新潮の悪魔　まあ、うーん、嫉妬も、ちょっとしてるかなあ。

今どきね、この不況期《ふきょうき》にだね、「マスコミ不況」というか、「マスコミはみんな潰れていく」と言われている時期に、こんな機嫌よくやってるところがあるっていうことを、君、ほんとに許せるか。

ほかのところは、みんな閑古鳥《かんこどり》が鳴いているのに、客の行列ができるなんて、これは、やっぱり、何かを言いたくはなるだろう。「あそこのものにはゴキブリが入ってますよ」とか、言いたくならないか。

里村　いや、言いたくなりません。

司会　今の時代は嘘を言ったら、会社が潰れる時代ですよ。

新潮の悪魔　ああ、まあ、そうだけど、ちょっとすごすぎるよ。

司会　いや、すごすぎたとしても、あなたは会社を潰す可能性が大きいですよ。

里村　向きを変えればいいのです。

新潮の悪魔　だから、きょう子氏の問題も、もうちょっと善意に考えてもいいんじゃないか。「マスコミ界が全部不況のときに本を出しまくるなんて、こんな嫌がらせに近いような行為《こうい》をやったら、長生きできないからやめなさい」というふうに言ったと、善意に取れないか。

里村　いえ、書店に来る人を増やしているんですから、むしろ、出版界にとってもいいことなんです。

新潮の悪魔　うーん。だから、まあ、私らは、書店がみんな不況になってだねえ、みんなで〝霊感商法《れいかんしょうほう》〟に走ってるんだよ。

司会　いや、ですが、やはり、今の流れからいくと、不良品を出して平気でいる会社というのは潰れますよね。「週刊新潮」は危ないですよ。こんなことをやっていて、本当にいいんですか。

13 「週刊新潮」の悪魔の本音を問いただす

二億円の名誉毀損訴訟《めいよきそんそしょう》を恐《おそ》れる悪魔

里村　それで、これから、きょう子氏を使ってどうするんですか。このまま、きょう子氏の後押《あとお》しをずうっと続けていくんですか。

新潮の悪魔　いやあ。君ら、うちを訴《うった》えるのか。訴える気？

里村　はい。もう、そちらが勇み足をしてしまいましたからね。

新潮の悪魔　訴えるって……、どうしようかねえ。

司会　今、巨大企業《きょだいきぎょう》が簡単に潰《つぶ》れていますからね。怖いですよ。

新潮の悪魔　訴えるったって、君、こちらは彼女と連帯して払《はら》うの？

里村　そうです。

新潮の悪魔　それは、うっとうしいなあ。

里村　二億円の名誉毀損《めいよきそん》です。

新潮の悪魔　君、二億円！　それは、まずいや。それは、まずいですねえ。

里村　ただ、「週刊新潮」は、前編集長時代に、名誉毀損によって、五年間で、すでに一億円もの損害賠償《ばいしょう》を裁判所に命じられています。

新潮の悪魔　君、細かいね。

里村　はい。名誉毀損の損害賠償額だけで、すでに、もう、五年で一億円です。

司会　かなりまずい状態ですね。

新潮の悪魔　いや、だから、それは、うちが優秀《ゆうしゅう》なんだよ。

里村　優秀ではありません。

新潮の悪魔　うちは、きわどいところに斬《き》り込《こ》んでいく勇気がある。君らは、『勇気の法』って出しただろう。マスコミというか、週刊誌に勇気がなくなったら、もう、それで商売は終わりなんだよ。

司会　ただ、それが不良品であることが明らかになった場合は、企業として、存続できません。

新潮の悪魔　うちも老舗《しにせ》だからね。老舗としての、まあ……。

司会　老舗は、今、いちばん危ないんですよね。

新潮の悪魔　いや（苦笑）、君ね、何か、すごく、人格が悪いんじゃないか。

司会　いえいえ、そんなことはないです。

新潮の悪魔　君、宗教に入ったほうがいいよ。宗教で修行してきたほうがいい。

里村　もう、入っています。

新潮の悪魔　この人格を直せないんなら、幸福の科学は邪教《じゃきょう》だよ。

司会　ただ、今の社会の流れを見たら、老舗が、けっこう不正をして、叩《たた》かれているではないですか。

新潮の悪魔　ほお、ほお。

司会　あなたがたも老舗ですよ。今、引き締《し》めないと危ないんですよ。

新潮の悪魔　まあ、そうだけど。

虚偽《きょぎ》の報道を正当化する「悪魔の論理」

新潮の悪魔　しかし、現役《げんえき》の総裁夫人で、まだ離婚《りこん》してなくて、ピチピチに生きている人間が、助けを求めて駆《か》け込んできたんだよ。

司会　でも、あなた、「まずい」と自分で言っていたではないですか。

新潮の悪魔　やっぱり、善意の第三者としては、助けを求めてくる個人は救わなくちゃならない。それは、もう宗教だって、当然やることだろう?

司会　そうは言っても、あなたは、「きょう子氏から聞いていることはチンプンカンプンだ」と言っていたはずです。それを記事にしてしまっていいんですか。

里村　初めのころに書いてしまったというのは分かります。でも、今は、「チンプンカンプンだ」と気づかれ、「まずいなあ」と思っていらっしゃいます。今後、どうするんですか。

新潮の悪魔　いや、それは、「一般《いっぱん》の取材の原理に置き換《か》えると、ちょっと危ない感じがする」ということだよ。

里村　彼女には、「自分の霊能力《れいのうりょく》でもって、新しい宗派を立てよう」という気持ちがあるかもしれません。そこまで、手伝われるんですか。

新潮の悪魔　いや、私は、そこまでは考えてないのよ。

でも、君が週刊誌の編集長をしてたらさあ、「狙《ねら》っているターゲットの獲物《えもの》の宗教の教祖夫人が駆け込んでくる」なんていうのを、ほっとけるか?

司会　あなたは過去の経営者の一端《いったん》かもしれませんが、あなたの判断に、新潮社の社員の生活、社員の家族の生活もかかっているんですよ。

新潮の悪魔　だから、今、生活のために戦ってるんじゃないか。

教団が割れれば「週刊誌業界が潤《うるお》う」

綾織　今後は、幸福の科学の、どこを叩いていこうとされているんですか。きょう子氏は、もう使えません。

里村　使えないです。

新潮の悪魔　だからだね……。君、来ないかい?

里村　いいえ、私はもう十分でございます。
新潮の悪魔　君、秘密情報をいっぱい持ってるだろう。
里村　いえいえ、何にも知りません。
新潮の悪魔　でも、「冷遇《れいぐう》されてる」というじゃないか。
里村　冷遇ではありません。厚遇していただいております。
新潮の悪魔　いや、君は頑張《がんば》ったのに、リバティ編集長を解任された。これは、おかしいじゃない。君、それは、専務に昇格《しょうかく》だよ。
司会　話をそらさないで、今の質問に答えてください。
新潮の悪魔　え？
綾織　そういう〝新しい人材〟を獲得して、それで追及《ついきゅう》をしていくつもりですか。
新潮の悪魔　だから、次の裏切り者を、今、探してるんだ。きょう子氏があれだけ暴れてるからさあ、当然、追随者《ついずいしゃ》が出て普通《ふつう》だ。宗教なら、出なきゃいけないんだよ。

綾織　出てきませんね。

新潮の悪魔　次の獲物を探してて、「やっぱりそうです、そのとおりです」と言う、次のやつを狙ってるんだけど、今、ちょっと、十分に落とせないんだ。

里村　追随者というか、むしろ、逆に、「やはり、きょう子氏はこういう方だった」と言う人は出ていますけれども。

新潮の悪魔　彼女だって、総裁と並んでやってたんでしょう？　だから、本人は、「自分も半分ぐらいの信仰心《しんこうしん》は集めてる。まあ、五分五分だ」と思ってたようだけどなあ。

私は、さすがに、「五分五分だ」とは思ってなかった。「大川隆法のほうがよく働いてるから、そんなことはないだろう。でも、七三《しちさん》ぐらい、三分《さんぶ》ぐらいの信用は、教団のなかに当然ある」と思ってたよ。

だから、「三分ぐらいの信用はある」と見てたので、「教団の三割ぐらいの人は、こちらを信じるんじゃないか」とは思った。
それで、この教団を割ることができたら、マスコミ的には、もう十分な成果だし、十分な使命を果たしたことになるので、「今年は、もう、みんなで、ビールを開けて、社内で乾杯《かんぱい》だ」と思ったよ。

綾織　教団を割ることが、今の目的だというわけですね。

新潮の悪魔　いや、面白《おもしろ》いよね。面白いじゃない。

里村　教団を割るのが目的ですか。

新潮の悪魔　割って、次に、戦い始めたら、もっと面白いじゃない。

里村　はいはい。

新潮の悪魔　いくらでも記事が書けるじゃない。

里村　それで、「週刊新潮」が売れればいいと。それがいちばんの目的だったわけですね。

新潮の悪魔　まあ、「新潮」だけじゃなくて、業界全体を潤《うるお》すことができる。

里村　話題の提供ですね。

新潮の悪魔　うん、話題が提供できる。それを、今、求めてるんだ。そういう話題の提供者が、今、週刊誌業界の救世主だよね。

日本でも過去二回、宗教を潰《つぶ》した？

里村　ところが、残念なことに、宗教というのは、法難《ほうなん》があればあるほど引き締まって、むしろ活発化していくのです。

新潮の悪魔　それは、まあ、そういうことだけど、でも、潰《つぶ》せることもあるからね。私は、過去、少なくとも、二回潰しているんです。今、君ら……。

あ、いや、ハッハッ、ハッハッハッハッハッ。ハハハハハハハハ。

里村　あの、今、「二回」と言いました？

新潮の悪魔　え？

里村　ちょっと待ってください。その「二回」の内訳を教えてください。

新潮の悪魔　ああ、いやあ、そのう、何と言うか、いやあ、ハッハッハッハッハッハ。

里村　いやいや。後学のために教えてください。その「二回」というのは？

新潮の悪魔　いや、何か、ちょっと、私、今日、酒飲んだかなあ。

里村　いえいえ。「二回」というのを聴《き》かせてください。

新潮の悪魔　ちょっと、何か、ワインに酔《よ》ったんだ。

里村　いえいえ。ぜひ、どうぞ。「二回」というのは、何ですか。

新潮の悪魔　いやいや、まあ、潰せることもあるということだよ。
後《のち》の世に聖人と呼ばれるような人でもだね、この世の権力というか、力というか、勢力というか、疑いの力というか、みんなの嫉妬《しっと》とか、そういうもんで潰せないわけではないということを言ってるだけで……。

里村　ちょっと待ってください。その「二回」は、日本でですか。

司会　それは、キリスト教ですか。

里村　キリスト教だけではないですね。

新潮の悪魔　いや、そらあ、君ね、それは、まあ、そう……。

里村　え？

新潮の悪魔　だって、まあ、でも……。

里村　もっと最近の感じですね。

新潮の悪魔　でも、考えてごらんよ。一九九〇年以降だけを取ってもだね、日本全体が不況《ふきょう》になったじゃないですか。だけど、マスコミ界は、宗教のおかげで、ちょっと息を吹《ふ》き返した面があるわけよ。

司会　あ、そのときに、かかわったんですね。

新潮の悪魔　いやいや、それではない。私が言ってるのは、そのことじゃない。新潮社は、九〇年以降の宗教問題について、別に、そんな主導的な役割を果たしてないのでね。

創価学会を凌《しの》ぎそうな勢いにも嫉妬《しっと》した

新潮の悪魔　まあ、できれば創価学会をぶっ潰して、それで金儲《かねもう》けして有名になりたかったけど、あそこも、なかなか、頑固に強くて、潰すところまでは行かなかったんだ。お互《たが》いに嫌《いや》がらせ段階で終わりですけどねえ。まあ、向こうも嫌がらせはいっぱいしましたよ。

里村　嫌がらせ合戦ですね。

新潮の悪魔　それは、もう、尾行《びこう》から盗聴《とうちょう》から、嫌なものを投げ込んできたり、嫌がらせは、もう、しょっちゅう、もう、しょっちゅうですよ。まあ、やられましたけどもね。

こちらも、記事は、ほとんど嫌がらせ記事でしょうから、嫌がらせ合戦というのが延々と続いたけど、ぶっ潰すところまで行けなかったのは残念だった。

新潮にとってはねえ、あれは、ほとんど、ライフワークに近かったんだけども、ぶっ潰す前に、もし池田が死んでしまったら、何か、私たちの力によらずして終わってしまいそうな感じがしてね。

それと、もう一つは、ちょっと、幸福の科学が台頭してきて、宗教界でも創価学会のほうを、もう、やってしまいそうなというか、「やってしまう」っていう言い方はよくないかな？　まあ、何て言うの？　弱体化させてしまいそうな感じが出てきたので、それにも、少し嫉妬した。

里村　ああ、なるほど。

新潮の悪魔　だから、「新潮」が、これだけ頑張って、汗《あせ》を流して取材し、攻撃《こうげき》し続けても、向こうは、まだ平然と構えていたのに、新興宗教の幸福の科学が、ちょっと伸《の》してきてだね、何か、向こうの勢力を凌《しの》ぎそうな勢いが出てきたところに、ちょっと、嫉妬は、やっぱり、ないわけではないけどな。マスコミ的嫉妬だけでなくて、そういう嫉妬も、ちょっとはあることはあるがな。

立正佼成会《りっしょうこうせいかい》の「読売事件」に想《おも》うこと

里村　まあ、九〇年代はそれとしまして、「新潮」ではないですが、読売新聞による立正佼成会《りっしょうこうせいかい》批判、いわゆる「読売事件」というものもありました。

新潮の悪魔　ああ、古いね。

里村　あれも、関係されたんですか。

新潮の悪魔　ずいぶん古い話だね。そんな古い話は、もう、なしにしようや。だから立正佼成会は、その後《ご》、まあ……。

里村　あそこで勢いが止まったということですね。

新潮の悪魔　いやあ、でも、全《まっと》うしたんじゃないの？　その後、それを「法難」と称《しょう》して、バブル化したんだろう？　大きく見せることに入っていって、成功したんだろうから、まあ、切り抜けたんでしょう。それで、「読売菩薩《ぼさつ》」とか言うて、いろいろと……。

里村　では、まあ、「二回」の部分はいいです。

新潮の悪魔　あんたがたも、新潮社に対して、「新潮菩薩」と言ってね、みんなで全国で祈願すりゃあいい。

里村　いえいえ、菩薩にするつもりはありません。

「週刊新潮」の影響力《えいきょうりょく》がインド・ネパールに及《およ》んでいないのが悔《くや》しい

綾織　あなたのお考えは、「伝統的な価値観や秩序《ちつじょ》を守っていく」ということだと思います。

しかし、幸福の科学は、「伝統的な宗教」と言われるところまで、時間的にすぐには行かないとしても、今、海外で大伝道しており、あっという間に多くの人々の支持を得て、信頼《しんらい》され、信仰される教団になっていきます。

そうなると、新潮社は、今までとは、まったく逆の立場になって、言ってきたことの反作用を受けることになると思うのです。

それについては、どうお考えですか。

新潮の悪魔　いや、それは君ね、イフ（if）の問題だろう。

綾織　いえ、そんなことはないです。実際、インドでも、そうなりました。

新潮の悪魔　でも、実際、イスラム教なんか、言論の自由がなくて、宗教の批判なんかしたら、すぐ殺されちゃうじゃないか。そんな時代が来たら、もう週刊誌なんか存在できないですよ。

だから、そういう時代が来ないように、私らが食い止めるっていうのは、自由の防《ぼう》波堤《はてい》よ。「リバティ」じゃなくて、私たちが自由の防波堤なんだよ。

里村　そのイスラム圏《けん》でも、やはり改革も進んでいますし、幸福の科学が広がり始めております。

新潮の悪魔　うーん、それは、全世界の人が騙《だま》されないように、ほんとに、警告を発し続けなきゃいけない。

里村　今日、「『週刊新潮』の悪魔」であるあなたに、私どもが言いたいのは、「実は、新しい宗教的価値観が、年数を経ることで、そのような伝統的価値観になっていくことを知っていただきたい」ということです。

新潮の悪魔　まあ、それはそうだけどねえ。うちは老舗だから、老舗は老舗でね……。

里村　老舗も、また、スタートのときがあったのです。どんな老舗でもそうです。ですから、どうか宗教報道に関しては、今後、見方を変えていただきたいと思います。

新潮の悪魔　いや、悔《くや》しかった。私が、何でインドで出たかっていうと、まあ、インドで出たのが、今、ちょっと裏目に出ているんだが、日本で、これだけ週刊誌で攻撃して、新聞にも広告が載《の》ったはずなのに、ネパールでもインドでも、国営放送だとか新聞社だとかが堂々と報道したのは、私らの記事を読んどらんということだからね。私たちの影響力《えいきょうりょく》があっちに及《およ》ばないということは悔しいじゃないですか。

「日本人は認めてない」っていうことをどうして分かってもらえないのか。だから、それが悔しくて、悔しくて、まあ、ちょっと……。

里村　ダライ・ラマの広報官も来られていたし、マハーボーディ寺院の管長《かんちょう》も来られました。

新潮の悪魔　何だか知らんが、ダライ・ラマは、政治家を引退するとか言ってるらしいじゃないか。

里村　新潮社さんは、ダライ・ラマがけっこうお好きで、よく肯定的《こうていてき》に取り上げられていましたね。

新潮の悪魔　何か、ショックを受けたのかなあ。

里村　そういう、ダライ・ラマの広報官の方まで来るようになっています。つまり、もう、今、価値観が逆に転じ始めているんです。

新潮の悪魔　ダライ・ラマのところは、もう国が滅《ほろ》びてるからさ、別に応援《おうえん》したって何もありはしないから、まあ、別に構わない。権力なんかありはしねえから、まあいいよ。

里村　チベットも、これからは、どのように歴史が変わるか分かりませんよ。

「霊言《れいげん》による異次元攻撃《こうげき》」を非難する悪魔

新潮の悪魔　あと、政治的なところはねえ、確かに、「保守」という意味では、あなたがたも保守みたいなことも言ってはいるので、本当は、「政治的には応援しなきゃいけないような面がないわけでもない」と思ってはいたんだけれども、われわれが言うべきことを「ザ・リバティ」さんとか、本とかで、いっぱい言ってくるところも、また、ちょっと、癪《しゃく》の種ではあるんだよなあ。

綾織　嫉妬されてるわけですね。

新潮の悪魔　癪の種だよな。

里村　日教組《にっきょうそ》批判とか、重なるところはありますよね。

新潮の悪魔　言論が、ちょっと切れすぎるよな。「そのニュースソースが、霊的《れいてき》なものである」っていうんなら、フェアでないじゃないか。

先ほど、誰か、「フェアでない」っていう言い方をしてなかったか。

里村　はい。私が、「フェアネス」と言いました。

新潮の悪魔　フェアでないよ。君ね、われわれは、足を使って、汗を流して、取材しているのに、異次元空間から情報を取ってくるなんて、こんなの、今で言えば、ハッカーが、他のコンピューターから、情報を取ってるようなもんじゃないですか。

綾織　その陰には、大変な努力があるのです。

新潮の悪魔　これは、ちょっとフェアでないよな。「言論に鋭《するど》さがある」と言ったたって、こんな異次元攻撃《こうげき》されりゃ、マスコミ的には、ちょっとフェアでない。

里村　ただ、これが、二十一世紀のネットなどの先を行く、これからの新しい言論のベースです。

新潮の悪魔　まあ、そうだけど、それに対しては、大川きょう子がうまく言ってくれたようにだね、大川隆法が狂《くる》ってることにすれば、それで、もう全部終わりになっちゃうわけだからね。「このコンピューターは全部狂ってる」ということにすればいいんだよ。

里村　残念ながら、そうはならなかったですね。今回は、向こうが記者会見まで行《い》ったために、「どちらのほうがおかしいか」ということが、結果的に、明らかになりました。

新潮の悪魔　いやあ、彼女も、〝文殊《もんじゅ》菩薩〟を名乗ってるぐらいの方だから、次の作戦をきっと練ってるよ。

里村　彼女は文殊菩薩を名乗りましたが、それは偽者《にせもの》であったということが明らかになったのです。

新潮の悪魔　いや、それを信じるか信じないかは、みんなの自由だろうから、まあ、それは、宗教観でも、言論は自由だろう。

でも、やっぱり女なら……、「男なら」と言いたいとこだけど、女か。まあ、女なら、やっぱり文殊教団を立てて、幸福の科学と戦うべきだよな。

里村　ただ、残念ながら、ついていく人がいないと、教団というのはできません。

新潮の悪魔　うーん。だけど、あれだけ派手に頑張ってたら、やっぱりついてくるんじゃないか。

里村　内容が伴《ともな》わないと、やはり、ついていく人はいません。

人間誰だって、今のような厳しい時代には、自分の信じるものでなければ、時間やお金を使ったり、命を賭《か》けたりするものではありません。宗教というのは、それぐらい尊いものなのです。

新潮の悪魔　いやいや、意外に、あれなんじゃないか。オウム批判をして、名前を一生懸命《いっしょうけんめい》売った有田《ありた》が参議院に当選したようにだね、彼女も、テレビや週刊誌など、いろんなマスコミに出て、「幸福の科学批判で有名な大川きょう子さんです」「幸福の科学総裁の元妻で、元夫を告発した、勇気ある女性です」とほめられてだね、有名になっちゃうかもしれないよ。

それで、幸福実現党で当選者が出ないのに、彼女が、都知事選だろうが、衆議院だろうが、参議院だろうが、当選しちゃうようなことがあったりしたら、君どうする？面白いぞお。

里村　いや、テレビのほうは引いていますので。

新潮の悪魔　そうかあ。

里村　はい。テレビのほうは、もう引いています。

新潮の悪魔　テレビ映りはいいと思うんだけどなあ。

里村　記者会見のテレビ報道は、一切《いっさい》ありませんでした。

同業者の「週刊文春」をこき下ろす

里村　あなたが、週刊誌の〝神様〟か、あるいは新潮社の悪魔かどうか分かりませんけれども、今、徐々《じょじょ》に「常識」というものが変わってきていますので、これからはどうか……。

新潮の悪魔　「悪魔」って、謙遜《けんそん》の意味で言ってるんだよ。インドでは神様のことだな。

里村　どうか、「価値観の善悪」というものを知っていただいて、宗教報道を一つ考えていただきたいと思います。

新潮の悪魔　それはねえ、まあ、わしが霊界から言うとすりゃあ、「ちょっと、バランスの取り方は悪かったかな」という感じがしないわけではない。しかし、それについては、「文春」も同罪だからさあ、「文春」もちゃんと訴えとくれよ。

何か、君、損害賠償の額を変えようとしてるんじゃないのか。

里村　ただ、「文春」のほうは、やはり、取材のやり方などが違《ちが》いました。

新潮の悪魔　いや、経営的には、向こうのほうが、まだ、もうちょっと、体力があるんじゃないか。

里村　まあ、あるかもしれませんが。

新潮の悪魔　だから、うちを二億円で訴えるなら、向こうを三億円ぐらいで訴えてもらえないかなあ。

里村　いちおうこちらの言い分は、全部載せました。「文春」は六十行載せてくれましたが、「新潮」は十行でした。

新潮の悪魔　君、細かいな。

里村　細かい問題なのですが、ただ、やはり、こういうところに違いが出ます。

新潮の悪魔　それは、うちのほうがね、意地悪だよ。まあ、意地悪だ。うん。だけどね、だけど、うーん……。

里村　まあ、バランスを欠いたと。

新潮の悪魔　前回も差をつけただろう。例の、「いじめ事件」でも、「新潮」は訴えて、「文春」は訴えなかった。

里村　それは、「新潮」さんのほうがやはり悪質でしたから。

新潮の悪魔　何で、差をつけるのよ。

里村　取材が悪質でしたから。

新潮の悪魔　だけど、「文春」も、今回、見出しは十分いやらしかっただろうが。

里村　見出しはいやらしかったですが、記事の中身において、「女性問題はない」と認めていましたから。

新潮の悪魔　私は、まあ、他人事《ひとごと》だけど、「新潮」から見れば、「文春」の見出しのつけ方っていうのは、三流雑誌だよ。あんな見出しのつけ方はな。

新潮社の後輩《こうはい》を「〝立派な悪魔〟に育てたい」

里村　そうすると、まさに、今回、「新潮」さんには、「自分たちは、やはりバランスを欠いた」という認識がおありだということですね。

新潮の悪魔　うーん、まあ、去年から、大川隆法自体は、すごく活躍《かつやく》はしているからさあ、それについての言及《げんきゅう》が、まったくなかったんじゃないかなあ。

だから、そのへんで、やっぱり、中立性を疑われる面は、若干《じゃっかん》あったかなとは思うんです。ちょっと、そのへんは、それなりに、ちらっとだね、君、十行ぐらいはサービスしてから、批判を展開すべきだったかな。

里村　いや、それは、ちょっと、バランスを欠いていますね。

新潮の悪魔　そのへんは、やっぱり、訴えられたときの逃《に》げのテクニックとして、ちょっと必要だったかな。

里村　ただ、まあ、今日を限りに、本来のマスコミとしての使命を果たすためにも、そのへんのバランスを取られて、きちんとした価値観、善悪の価値観を持っていただきたいと思います。

新潮の悪魔　でも、わしも、後輩《こうはい》を、やっぱり、羽の生えた〝立派な悪魔〟に育ててやらな、いかんからな。

里村　いえいえ（苦笑）、悪魔ではなくて……。

新潮の悪魔　天使の羽には爪《つめ》が生えてないけど、悪魔の羽には爪が生えてるから強いんだよ、君。

里村　彼らの死後、後世にまで影響を及ぼすのですから、どうか、そこはよく考えてですね……。

新潮の悪魔　うん。まあ、それは、みんな地獄《じごく》に行くだろうよ。

里村　これ以上の罪を重ねさせる、あるいは、傷口を広げさせることがないように、どうか、指導してください。

新潮の悪魔　君ねえ、「週刊新潮」の記者で、天国に入れる人なんか、いると思ってるのか。

里村　いや、これからの時代は分かりません。

新潮の悪魔　いるとしたら、お茶汲《く》みの女性ぐらいだよ。あとは、記事を書いてるやつが行くわけがないだろうが、そんなもん。

綾織　このまま続きますと、新潮社自体が、「フォーカス」と同じ運命になっていきますので……。

新潮の悪魔　うーん、それは困る。それはまずいね。

綾織　もう「白」を「黒」にするという手法は、おやめになったほうがいいと思います。

新潮の悪魔　いやあ、「新潮」というのはやめて、「古潮《こちょう》」と名前を変えるか。
里村　「新潮」ではなくて「古潮」ですか。もう、何でも結構でございます。
新潮の悪魔　古い潮《うしお》だ。
里村　とにかく、生まれ変わっていただきたいと思います。

きょう子氏に乗せられたことを、「勇気がある」と自賛

新潮の悪魔　まあ、ポイントはよかったんだがな。総裁夫人が、こんな別居問題、離婚問題を起こして、暴れて駆け込んで、これに食い付かないマスコミがいるっていうのは、やっぱり、私はちょっと信じられないなあ。
それを、この不況期に踏《ふ》みとどまれるっていうのは、よっぽど、みんな勇気がないんじゃないかなあ。
里村　勇気ではなくて見識の部分の問題です。

新潮の悪魔　だから、もし、裁判なんかして、うちに不利な判決が最後に出るようなことがあったとしてもだね。この時期に、〝勇気〟を持って一個人を救おうとした、〝義侠心《ぎきょうしん》〟というか、週刊誌の〝意気込み〟みたいなものは、やっぱり、その正当性を評価してほしいなあ。

里村　いえ、いえ。彼女も、ずいぶん、たくさんの〝餌《えさ》〟をばら撒《ま》いたんですが、引っ掛《か》かったのが御社《おんしゃ》だったということです。それは、勇気があったのではなく、見識の部分が足りなかったわけでございます。

新潮の悪魔　何か、毛鉤《けばり》に引っ掛かったような言い方だな。

里村　嫉妬心のところが鉤《はり》に引っ掛かって、結果的に、ズルズルと引っ張っていかれたのは御社でした。

綾織　騙されただけですよ。

新潮の悪魔　いや、そうだけど……。

何か、最近、聞いた話によると、「あの女は謀略《ぼうりゃく》担当だった」っちゅうことじゃないか(『現代の法難①』参照)。

里村　まあ、ある意味で、まさに、向こうの〝謀略〟に乗せられたかたちです。

新潮の悪魔　もしかしたら、私たちを貶《おとし》めるために、わざと君らが放った悪魔なんじゃないのか。ん?

里村　結果的に、御社は、今回、その〝謀略〟に加担し、あるいは、乗せられたかたちになりました。

宗教への課税もけしかけている?

新潮の悪魔　うーん。だけど、まだ、これでは終わらねえよ。君らが訴えてくるんだったら、また、何か嗅《か》ぎ回ってやる。

私は、国税にも、あれだけ宗教を課税するようにけしかけているしな。ただ、総裁夫人まで内部告発しているのに、何で彼らは動かねえんだか。ほかの弱い宗教に入ったりしてねえ。

里村　国税庁のほうも、宗教論理はきちんと理解しております。

新潮の悪魔　そうかね？　あれは腰《こし》が引けてるよな。

里村　いや、腰が引けているのではないのです。彼らは、宗教の持っている価値観というものが、ビジネス社会、あるいは資本主義社会の一般的な原理とは違うということが分かっているのです。

新潮の悪魔　君ね、私は、君らが相手にしているような古代の悪魔とは違うんだよ。もう、現代性に満ち満ちた、現在ただいまを生きる悪魔兼《けん》〝神《かみ》〟なんだよ。だからね。五万円ぐらいもらって、外務大臣がクビになるような時代にだね、あれだけ強烈《きょうれつ》なパンチを放って、まだ、のうのうと総裁をやってるなんっていうのは、許せない神経だよ。

やっぱり、これは反省すべきで、とにかく騒《さわ》がれただけでも責任を取るのが日本人なんだよ。「お騒がせしました。会員さん、ごめんなさい。世間のみなさん、ごめんなさい」と記者会見するのは、夫人じゃなくて総裁のほうであって、「ごめんなさい。責任を取りまして、割腹《かっぷく》させていただきます」ってやらなきゃいけねえんだよ。

里村　いや、あなたも、「今」のことは、十分、お分かりのようですね。ただ、それは、昨日《きのう》までの「今」であって、明日《あした》からの「今」については、あまりご存じないわけです。

つまり、今、論理が大きく変わろうとしている時代に来ています。それは、税金においても、法律においても、そして、マスコミにおいてもそうです。価値観というものが大きく変わりつつある時代だということを、どうか、ご認識いただきたいと思います。

新潮の悪魔　外務大臣は、五万円とか、そんなのでクビを切られるしさあ。今、某紙《ぼうし》は、百万円ぐらいで、総理大臣のクビを切ったろうと思って、何か追及し始めたようだしさあ。

あと、小沢一郎《おざわいちろう》という、あんな悪の権化《ごんげ》みたいな権力者も、「四億円（資金管理団体の土地購入《こうにゅう》資金）を、政治献金《けんきん》から流用したんじゃないか」っていうんで追い詰《つ》められてるんだろう？　で、何だね？　この幸福の科学っちゅうのは、もっともっと巨大な金を使いまくって、何で、無傷でやられないで済むのか。やっぱり、それは、ちょっとおかしいんじゃないか。

里村　どうか、今後は、本来の〝剣《けん》〟を振《ふ》るうべき方向で、ペンを振るっていただきたいと思います。

今日は、本当にありがとうございました。

「政治家は弱すぎて叩《たた》きがいがない」が本音

新潮の悪魔　君ら、宗教の立場としては、やっぱり公正と平等を旨《むね》としなければいけない。だから、当社に対する態度と「文春」に対する態度は、公正で平等でなければならないということを最後に言っておきたい。

綾織　十分、公正です。

新潮の悪魔　え？

綾織　十分、公正にさせていただいています。

司会　そちらの報道も、公正を旨にお願いいいたしたいと思います。

新潮の悪魔　ん？　いや、反撃はするよ。するけどもね。しかし、宗教が巨大権力を握《にぎ》ろうとしているときに、これをウォッチ（注視）しないってのは、やっぱり、マスコミの道としての使命を果たせないので、地獄の底からでも追いかけていくよ。

里村　その前に、ひとつ、しっかりと政治権力のチェックのほうをお願いいたします。

新潮の悪魔　まあ、政治は弱いからさ、あんなの。

司会　とにかく、もっと国際的な視野を持っていただきたい。

新潮の悪魔　私たちは、強い相手を求めてるのよ。政治家が弱すぎて、もう、面白くないの。叩《たた》きがいがないのよ。いくらやったって、空き缶《かん》を叩いてるようなもんで、もう全然、面白くねえ。

里村　最後に本音が出ましたね。

司会　まあ、新潮さんも、話が少し小さすぎますので、もっと……。

新潮の悪魔　だからさあ、宗教でも何でもいいから、もっと強いのが出てきてほしいのよ。そしたら、叩きがいがあるじゃない。

里村　これから、ますます幸福の科学は大きくなっていきますので。

新潮の悪魔　ああ。

司会　国のため、世界のための週刊誌になってください。

新潮の悪魔　君のために、非常勤の嘱託《しょくたく》職員の枠《わく》を、一つ用意しておくから。

里村　結構でございます。

司会　では、このへんでお帰りいただきたいと思います。

新潮の悪魔　ああ。

司会・里村　今日はありがとうございました。

新潮の悪魔　うん、まあ、はい。

14　マスコミよ、「民主主義の守護神」たれ

大川隆法　うーん（笑）。

前回、「真正文殊霊言《もんじゅれいげん》」と、アフロディーテをめぐっての「エロスの霊言」を収録しましたが（『文殊菩薩《ぼさつ》の真実に迫《せま》る』『エロスが語る　アフロディーテの真実』〔共に幸福の科学出版刊〕参照）、今回の霊言も、一つの光の照射にはなると思います。月刊「ザ・リバティ」で急所を速報したあと、経典化すべきでしょう。

綾織　はい、「ザ・リバティ」で速報いたします。

大川隆法　さらに、経典で、きっちりと熟読していただくようにしなければいけないと思いますね。

「顔の見えない権力」にはチェックが必要

当会が、昔から言っているように、やはり、マスコミのなかにも悪魔は巣くっていますが、彼らは、「民主主義の守護神」であるかのように名乗っています。しかし、マスコミも一つの「権力」である以上、チェックはされなければいけませんね。

つまり、マスコミに対しては、「人を裁くだけの立場にあるかどうか」「聖職者がやっているのかどうか」というチェックが必要なのです。

なぜなら、彼らは、顔が見えない権力であり、どんなことを企《たくら》んでいるか分からないからです。

単に、「売り上げが落ちないように」とか、「赤字にならないように」とかいうこと以外に「報道の基準」がないのであれば、それは、「民主主義の守護神」を名乗る職業としては十分ではないと思います。「赤字になったら潰《つぶ》れる」というだけであれば、物売りと変わりませんからね。

したがって、もう一段、厳しい基準があってもおかしくはないと思います。

バランス感覚の悪い報道は、「悪魔の所業」にもなりうる

週刊誌については、本来であれば、新聞に広告を載《の》せる段階で、新聞社のほうから広告規制がかかってもよいぐらいだったのですが、「週刊新潮」や「週刊文春」は、今までの老舗《しにせ》としての看板で載ったのでしょう。

次は、その広告のところを白紙にしてもらうぐらい、信用合戦をしなければいけないと思います。

これは、やはり、フェアではありませんね。確かに、この世で完璧《かんぺき》を求めることは無理かもしれませんが、適正なバランス感覚というものはあります。やはり、マスコミは、こちらが一生懸命《いっしょうけんめい》やっているところについては、きちんと見ていなければいけませんし、実際に、知っているはずですのでね。

例えば、「よい講演をしたり、よい活動をしたりしたようなときは、まったく書かない。それについてはノーカウントで、何か叩《たた》けそうなところがあったら、そこだけを狙《ねら》ってくる」というようなやり方は、やはり、あまりフェアでないような感じがし

ます。

マザー・テレサの例で言えば、彼女が、何か疑惑《ぎわく》のあるお金を少し受け取ったようなときだけ、野獣《やじゅう》のようにワーッと群がって、一生懸命、書くようなものです。

そうとは知らずに、「お金を提供する」と言われたら、善意の献金《けんきん》だと思って受け取ってしまうこともあるでしょう。以前、そういう映画がありましたが、それと同じようなものだと思います。そこだけをワーッと攻《せ》めるのです。

あるいは、シュヴァイツァーの例で言えば、「彼は、アフリカの病人を治しに行ったが、亡くなった人もいるよ」ということばかりを取り上げれば、シュヴァイツァーが、ものすごく悪いことをしたように見えるでしょう。

そのように、バランス感覚が悪い報道は、その記事でもって知識を得、判断をしようとしている人を迷わすことになります。それが、結果的には、「悪魔の所業」になるのです。

シュヴァイツァーであっても、手術を失敗したりして死なせた人は、かなりいたでしょう。手術器具も薬剤《やくざい》も足りないし、技術的に足りないところもあって、「密林の聖者」にも、失敗はあったと思います。

しかし、そこだけを取り上げられたら、それは、かわいそうです。やはり、「トータルで見て、なした仕事が尊い」と評価されているからこそ、「聖者である」と判断されているのです。

マザー・テレサにも、強引なところやアクが強いところも、たくさんあったかもしれませんが、やはり、トータルのバランスで判断しなければいけないと思います。

今回の、「大川きょう子問題」の記事について、私の率直な感想を述べるとすると、『週刊新潮』、『週刊文春』にしては、やや三流週刊誌のようだったな」と思います。もっと落ちる週刊誌なら、「このくらいは、いいかな」という気持ちになったかもしれませんが、「『新潮』『文春』のレベルで、この程度か」というところで、少しショックを受けました。

里村　最近の記者は、足で稼《かせ》ぐのではなくて、もう、ネット情報で動くようになっています。

大川隆法　なるほど。やや、三流化していますね。そういう意味で、経営危機は迫っていると思います。そのへんの抑制《よくせい》は利《き》かさなければいけません。これは智慧《ちえ》のところですからね。

暴《あば》かれた「週刊新潮」記者のインスピレーション源

今回の霊言は、向こうも考えたことのない逆襲《ぎゃくしゅう》だったかと思います。「週刊新潮」の研究をされるとは、まさか思ってもいなかったでしょう。これは、「週刊新潮」の〝指導霊〟研究ですね。

これによって、「彼らのインスピレーション源が何であったか」ということが暴《あば》かれてくるわけです。彼らは、自分たち自身が、正義の神、「テーミス」のようなつもりでいるのでしょうが、その拠《よ》って立つところの「原点」の部分が裁かれるのです。自分たちは、〝最高裁〟をやっているつもりでいるのでしょうが、実は、そちらが裁かれるのです。

これは、あるいは、倒産《とうさん》の序曲になるかもしれませんね。

まあ、あなたも、引き抜《ぬ》かれないように、頑張《がんば》って踏《ふ》みとどまってくださいね（会場笑）。

里村　（笑）

大川隆法　給料に不満があったら言ってください。

里村　いいえ（笑）。ここで頑張らせていただきます。

大川隆法　まあ、何らかの参考にはなったでしょう。

里村　はい、ありがとうございます。

司会・綾織　ありがとうございました。

大川隆法　はい、ありがとうございました。

あとがき

内容を熟読してもらえば、マスコミ業界に属する人たちにも、今後の教訓と指針になる教えが見つかるだろう。
時節がら、マスコミ界の新入社員研修にでも使って頂ければ、幸いである。

二〇一一年　三月二十九日

幸福《こうふく》の科学《かがく》グループ創始者兼総裁《そうししゃけんそうさい》　大川隆法《おおかわりゅうほう》

『「週刊新潮」に巣くう悪魔の研究』大川隆法著作関連書籍

『現代の法難①――愛別離苦』（幸福の科学出版刊）
『現代の法難②――怨憎会苦』（同右）
『文殊菩薩の真実に迫る』（同右）
『エロスが語る アフロディーテの真実』（同右）
『ダイナマイト思考』（同右）

「週刊新潮《しゅうかんしんちょう》」に巣《す》くう悪魔《あくま》の研究《けんきゅう》
──週刊誌に正義はあるのか──

2011年4月17日　初版第1刷

著　者　　大川《おおかわ》隆法《りゅうほう》

発行所　　幸福の科学出版株式会社

〒142-0041 東京都品川区戸越1丁目6番7号
TEL(03)6384-3777
http://www.irhpress.co.jp/

印刷・製本　株式会社 堀内印刷所

ISBN978-4-86395-115-0 C0036
Photo: ©laxmi ©Sergey Galushko (Fotolia.com)

大川隆法 最新刊・**救世の情熱**

大川隆法
インド・ネパール
巡錫の軌跡

全ページ
オールカラー

[監修]　大川隆法
宗教法人 幸福の科学 編

2011年2月下旬から3月上旬に行われた、大川隆法総裁のインド・ネパール巡錫を豊富なビジュアルで紹介。全4回の法話ダイジェストのほか、訪問先各地の様子や現地信者の声などをレポートした奇跡の巡錫記録。

1,300円

不惜身命 2009
大川隆法　伝道の軌跡
勇気への挑戦

[監修]　大川隆法
宗教法人 幸福の科学 編

2009年に敢行した百数十回に及ぶ説法のダイジェスト集。宗教、政治、経済、経営、教育など、あらゆるジャンルに言及し、新しい日本のかたちを示す。

1,800円

幸福の科学グループのご案内

宗教、教育、政治、出版などの活動を通じて、地球的ユートピアの実現を目指しています。

宗教法人　幸福の科学

一九八六年に立宗。一九九一年に宗教法人格を取得。信仰の対象は、地球系霊団の最高大霊、主エル・カンターレ。世界約八十カ国に信者を持ち、全人類救済という尊い使命のもと、信者は、「愛」と「悟り」と「ユートピア建設」の教えの実践、伝道に励んでいます。

（二〇一一年四月現在）

愛

幸福の科学の「愛」とは、与える愛です。これは、仏教の慈悲や布施の精神と同じことです。信者は、仏法真理をお伝えすることを通して、多くの方に幸福な人生を送っていただくための活動に励んでいます。

悟り

「悟り」とは、自らが仏の子であることを知るということです。教学《きょうがく》や精神統一によって心を磨き、智慧《ちえ》を得て悩みを解決すると共に、天使・菩薩の境地を目指し、より多くの人を救える力を身につけていきます。

ユートピア建設

私たち人間は、地上に理想世界を建設するという尊い使命を持って生まれてきています。社会の悪を押しとどめ、善を推し進めるために、信者はさまざまな活動に積極的に参加しています。

海外支援・災害支援

国内外の世界で貧困や災害、心の病で苦しんでいる人々に対しては、現地メンバーや支援団体と連携して、物心両面に渡り、あらゆる手段で手を差し伸べています。

ヘレンの会

ヘレン・ケラーを理想として活動する、ハンディキャップを持つ方とボランティアの会です。視聴覚障害者、肢体不自由な方々に仏法真理を学んでいただくための、さまざまなサポートをしています。

ホームページ
http://www.helen-hs.net/

自殺者を減らそうキャンペーン

年間３万人を超える自殺者を減らすため、全国各地で街頭キャンペーンを展開しています。

ホームページ
http://www.withyou-hs.net/

教育

学校法人 幸福の科学学園

幸福の科学学園中学校・高等学校は、幸福の科学の教育理念のもとにつくられた学校です。人間にとって最も大切な宗教教育の導入を通じて精神性を高めながら、ユートピア建設に貢献する人材輩出を目指しています。

幸福の科学学園
中学校・高等学校（男女共学・全寮制）
2010年4月開校・栃木県那須郡

TEL **0287-75-7777**
ホームページ
http://www.happy-science.ac.jp/

関西校（2013年4月開校予定・滋賀県）
幸福の科学大学（2016年開学予定）

仏法真理塾「サクセスNo.1」

小・中・高校生が、信仰教育を基礎にしながら、「勉強も『心の修行』」と考えて学んでいます。

TEL **03-5750-0747**（東京本校）

不登校児支援スクール「ネバー・マインド」

心の面からのアプローチを重視して、不登校の子供たちを支援しています。

NPO 活動支援

学校からのいじめ追放を目指し、さまざまな社会提言をしています。また、各地でのシンポジウムや学校への啓発ポスター掲示等に取り組むNPO「いじめから子供を守ろう！ネットワーク」を支援しています。

ホームページ **http://mamoro.org/**
ブログ **http://mamoro.blog86.fc2.com/**
相談窓口 **TEL.03-5719-2170**

政治

幸福実現党

内《ない》憂《ゆう》外《がい》患《かん》の国難に立ち向かうべく、二〇〇九年五月に幸福実現党を立党しました。創立者である大川隆法党名誉総裁の精神的指導のもと、宗教だけでは解決できない問題に取り組み、幸福を具体化するための力になっています。

党員の機関紙「幸福実現News」

TEL 03-3535-3777
ホームページ
http://www.hr-party.jp/

出版メディア事業

幸福の科学出版

大川隆法総裁の仏法真理の書を中心に、ビジネス、自己啓発、小説など、さまざまなジャンルの書籍・雑誌を出版しています。他にも、映画事業、文学・学術発展のための振興事業、テレビ・ラジオ番組の提供など、幸福の科学文化を広げる事業を行っています。

TEL 03-6384-3777
ホームページ
http://www.irhpress.co.jp/

入会のご案内

あなたも、幸福の科学に集い、
ほんとうの幸福を
見つけてみませんか？

幸福の科学では、大川隆法総裁が説く仏法真理をもとに、
「どうすれば幸福になれるのか、また、
他の人を幸福にできるのか」を学び、実践しています。

入会

大川隆法総裁の教えを学ぼうとする方なら、どなたでも入会できます。入会された方には、『入会版「正心法語」』が授与されます。（入会の奉納は1,000円目安です）

三帰《さんき》誓願《せいがん》

仏弟子としてさらに信仰を深めたい方は、仏・法・僧の三宝への帰依を誓う「三帰誓願式」を受けることができます。三帰誓願者には、『仏説・正心法語』『祈願文①』『祈願文②』『エル・カンターレへの祈り』が授与されます。

植福《しょくふく》の会

植福は、ユートピア建設のために、自分の富を差し出す尊い布施の行為です。布施の機会として、毎月1口1,000円からお申込みいただける、「植福の会」がございます。

「植福の会」に参加された方のうちご希望の方には、幸福の科学の小冊子（毎月1回）をお送りいたします。詳しくは、下記の電話番号までお問合せいただくか、公式ホームページをご確認ください。

月刊「幸福の科学」

ザ・伝道

ヤング・ブッダ

ヘルメス・エンゼルズ

幸福の科学 サービスセンター	TEL. 03-5793-1727（受付時間 火〜金：10〜20時／土・日：10〜18時） メール service@kofuku-no-kagaku.or.jp ホームページ http://www.happy-science.jp/